5년 뒤, 당신의 몸값을 10배로 올릴 수 있다

월급 걱정 없는
슈퍼 비정규직의 길

월급 걱정 없는
슈퍼 비정규직의 길

초판 1쇄 인쇄일 2020년 8월 8일
초판 1쇄 발행일 2020년 8월 14일

지은이   송진원 윤다혜
펴낸곳   도서출판 유심
펴낸이   구정남·이헌건
마케팅   최진태

주소   서울 은평구 통일로 684 서울혁신파크 미래청 1동 303B(녹번동)
전화   02.832.9395
팩스   02.6007.1725
URL   www.bookusim.co.kr
등록   제2017-000077호(2014.7.8)

ISBN   979-11-87132-44-8 03190
값   14,000원

5년 뒤, 당신의 몸값을 10배로 올릴 수 있다

월급 걱정 없는
슈퍼 비정규직의 길

지은이 송진원 윤다혜

도서출판 유심

위로와 쉼을 주는
선물 같은 책

시작은 궁금증에서

출근길, 북적이는 지하철 안에서 항상 그런 생각을 했다.

'이 많은 사람이 다 어디서 무슨 일을 하고 살까?'

어렸을 때부터 호기심이 많았던 나는 꿈이 정말 많이 바뀌었다. 하지만 안타깝게도 내가 생각하는 직업이 어떤 일을 하는지 자세히 알 방법이 없었던 터라, 꿈이 꿈으로만 그치는 경우가 많았다. 그리고 졸업 이후 직장에 들어가기까지 내가 선택할 수 있는 직업이 어떤 것이 있는지, 나에게 맞는 직업을 어떻게 찾을 수 있는지 제대로 배울 수 없었다. 이런 걸 조금이라도 알려주는 가이드가 있었다면, 선택하는 과정에서의 기회비용이 좀 줄어들지 않았을까?

이런 마음을 담아, 이 세상 사람들이 어떤 일을 하고 사는지 간접적으로나마 보여줄 수 있는 책을 만들게 됐다.

목적 없이 열심히만 살아온 20대에게 주는 책

우리는 대부분 참 열심히도 산다. 주입식 교육을 통해 하고 싶은 것보다는 해야 하는 것을 배웠고, 그러면서 나도 잘 모르는 전공을 선택했다. 20대 대학생들에게 전공을 선택한 이유를 물으면 대부분은 매우 어색해한다. 또 1:1 상담을 받는 과정에서 그런 질문을 하면 어떤 학생은 그렇게 선택해온 것들에 대한 후회 때문인지, 때때로 울컥한다고 했다.

대학에서는 또 다른 치열한 경쟁이 기다리고 있다. 그래서 목적 없이 학점을 채우며 달려간다. 재미있어서가 아니라 그저 남들처럼 초중고등학교에 입학하고 졸업했듯이 대학에서도 졸업의 과정을 그냥 당연하게 받아들인다. 대입이라는 목표를 완수하면 모든 것이 완성될 줄 알았는데, 또 다른 레이스가 시작된다.

졸업 즈음이 되면 어떠한가? 여전히 꿈은 잘 모르겠지만 일단 졸업했으니 취업을 해야겠다는 새로운 목표에 부딪힌다. 그동안 열심히 공부했으니 이제는 그만해도 되나 싶었는데, 취업을 위해 또 달려야 한다. 공무원, 공기업, 대기업, 전문직 할 것 없이 모두 공부의 영역이 있다. 정말 끝도 없이 공부해야 하나… 갑자기 숨이 턱 막히기도 한다. 더무서운 건, 대학에 들어간다고 해서 끝이 아니듯 취업했다고 해서 끝이 결코 아니라는 사실이다.

이 책은 이러한 일방적 레이스에 제동을 건다. 방향 없이 무조건 열심히만 살면 당신의 삶은 더욱 피폐해지고 어려워질 것이라고 감히 말한다. 실제로 많은 커리어 고민의 원인은 바로 목적 없이 달려온 데서 비롯된다.

그대여, 조금만 더 나를 보자. 잠시만 멈추면, 비로소 내가 보인다.

전성기를 누려야 할 30~40대에게 주는 책

"어디 다니세요?"

소개팅에서 대부분의 남녀가 나누는 질문이다. 처음 보는 사람이지만, 특정 목적을 갖고 만나서일까. 대화를 이어가는 주요 주제가 '무슨 일을 하는가'이다. 그리고 상대방에 대한 호감을 느끼는 과정에도 '직업'이라는 요소가 분명 영향을 주는 듯하다.

하지만 본인이 다니는 직장에 대해 진지하게 많은 고민을 하고 입사한 경우가 얼마나 될까? 안정적인 기업이라 생각해서, 연봉 및 처우가 괜찮아서, 남들에게 혹은 부모님이 다른 지인에게 소개할 때 부끄럽지 않을 정도로 인지도가 있으므로 다녔을 것이다. 그렇게 얼떨결에 선택한 나의 일, 직업이 나의 정체성이 되어버린다. 그리고 나의 정체성이 되어버린 그 일 때문에 우리는 즐거움보다 월요병이나 번아웃 등과 같은 고달픔에 시달리고 있다.

월급 걱정 없는 슈퍼 비정규직의 길

개인의 생애주기별 커리어 전략 상담을 하면서 3,000여 명의 클라이언트의 일과 삶을 만나본 결과 일을 통해 더 나은 내일을 실현할 수 있다는 확실한 믿음을 얻었다. 그것이 이 책을 쓰게 된 계기다. 특히 정규직과 비정규직, 대기업과 중소기업, 회사 안과 밖의 이분법적 패러다임에서 벗어나 자신에게 딱 맞는 일$^{(Calling)}$을 발견하고 추구해 간다면 누구나 경제적인 자유와 안정을 얻을 수 있다고 확신했다. 동시에 어느 곳에도 종속되지 않고 당당히 나만의 일을 실현해 나갈 수 있다고 확신했다.

이 책을 통해 먼저 변화하는 경력 환경에 대해 알아보고, 직업을 다섯 가지로 분류하여 구체적인 사례들을 접할 수 있도록 했다. 물론 다섯 가지 직업의 형태가 세상 모든 직업의 분류체계를 다 담아내기에는 한계가 있을 것이다. 하지만 현업에 종사하는 이들의 이야기를 들으며 '1인칭의 시야'에서 벗어나 이 세상에는 참으로 여러 직업군이 있다는 것을 생동감 있게 느끼길 바란다.

위로와 쉼을 주는 선물 같은 책이 되기를

목적지가 보이지 않는 먼 길을 가다 보면, 지치고 힘들어 포기하고 싶은 순간이 올 때가 있다. 그럴 때는 그냥 잠깐 쉬어도 좋다. 이 책은 비록 '일'이라는 녹록지 않은 주제를 다루고 있지만, 더 빠르게 더 열심히 달리라는 제언의 책이 아니다. 오히려 속도를 조금 줄이고, 현재의 나를 조금 더 음미하고 조금 더 깊게 해석하면서 내 내면의 아이에게 손을 내밀어주자는 책이다. 이를 통해 내가 나의 얘기를 듣고, 내가 원하는 삶의 모습에 더 귀 기울일 수 있으면 한다.

그렇게 속도를 줄이면 현재에 더 큰 주의를 기울일 수 있다. 혜민스님의 책 제목처럼 「멈추면 비로소 보이는 것들」이 있게 마련이다. 이러한 쉼과 재정의의 과정 이후에 찾아오는 매일의 과제와 일에서 스스로를 발견하는 것이다. 내가 하는 일의 의미와 내가 원하는 것들이 자연스레 갈라지고 분류된다. 원하고 희망하니 능동적으로 찾게 되고 자연스레 잘하게 된다. 나아가 더 나은 인생을 주도적으로 찾고 행동하며 살게 된다. 이렇게 자연스럽게 내가 나를 이끌게 하는 것이 이 책의 숨겨진 목적이다. 그래서 결국 당신이라는 '존재' 자체가 당신의 하루에 행복과 풍요를 발산하는 목적이자 수단이 되도록 하는 것이 이 책의 최종 목표이다.

추천사

첫 직장의 대표님이 회식 자리에서 "사람이 가장 후회하는 때는 원하는 것을 이루지 못했을 때가 아니라 이제껏 해온 것이 내가 원하던 것이 아니라고 느꼈을 때"라고 말한 적이 있다. 이상하게 그 문장이 10년이 지난 지금도 또렷하다.

10년 전 내가 원하던 나의 모습은 럭셔리한 외국계 자동차 회사의 광고 마케터였다. 우여곡절 끝에 10년이 지난 후 지금 나의 모습이 되었다. 하지만 어딘가 늘 초조하고 불안한 마음이 드는 건 지금 나의 모습이 명함에 들어갈 만한 소속과 직무를 담고 있을 뿐 어떠한 가치관도, 나에 대한 성찰도 담고 있지 못해서가 아닐까?

이 책은 나처럼 앞만 보고 10년 이상 달려온 직장인들에게 한 번쯤 멈춰 서서 스스로를 재점검해볼 수 있는 가이드라인을 너무나 친절하게, 너무나 똑똑하게 잘 잡아주고 있다.

명함 한 장에 담기에는 너무나 소중한 나의 인생. 삶은 결국 나라는 본질을 이해하지 못하면 언젠가 스스로를 돌아보며 후회할 것이기에 하루라도 빨리, 가급적 지금 당장 이 책과 함께 나와 나의 일에 대한 사색을 시작하라고 추천하고 싶다.

메르세데스-벤츠 코리아 마케팅 매니저, 전지은

나는 이 책에서 "지금 하는 일, 앞으로 하려는 일이 네가 해왔던 일이 아니어도 괜찮아"라는 메시지를 듣는다. 점심시간에 국밥집 대신홀로 공원에서 샌드위치를 즐긴 오늘 하루가 유별스럽지 않게 되었음을 깨닫는 것. 더불어, 회사를 그만두고 새 일을 위한 준비를 시작하며겪게 되는 불안과 걱정에 대한 훌륭한 변호와 "이런 길도 있으니"라는원포인트 레슨을 함께 제공받았음에 대해 이 책에 감사한다.

IP&LAW 법률사무소 대표변호사, 이재철

막상 취업, 이직 준비를 하려니 너무 막막했다. 입사 후에는 실제 업무가 예상과 많이 달라 실망하기도 했다. 이런 직업도 있고, 당신에게는 이런 직업이 맞다는 것을 조금 더 친절하게 알려줬더라면 좋겠다는 생각을 항상 해왔다. 내가 좀 더 어릴 때 이 책의 저자인 송진원·윤다혜 대표를 만났더라면 하는 아쉬움이 크다. 이 책은 당신의 일과 직업에 친절한 가이드가 될 것이다.

前 구글/아마존/포스코 인터내셔널/샌드박스 출신
現 디지털마케팅 기업 대표, 김재은

'노동시장 유연화'라는 말이 '평생 직장'이라는 말을 대체하는 시대다. 더 이상 직장과 일은 내 삶을 무한정 책임져주지 않는다. 이런 시대에 '정규직'이라는 단어 하나로 내 삶은 괜찮을까? 이 질문만으로도 이 책은 철학 서적 이상의 가치가 있다.

연합뉴스TV 한국직업방송 '투데이JOBS', 제작진

제1장   누구도 알려주지 않은 **직업의 변화**

제3장 5대 인생직업 가이드

제4장 제주로 떠나는 2호선

성공이란
아침에 일어나 오늘 할 일에 들떠
집을 나서는 것이다.

- 뮤지컬 「페임」 중에서

제1장
누구도
알려주지 않은
직업의 변화

오늘날 시대의 흐름은 개인이 미처 인지하고 습득할 시간도 없을 만큼
빠르게 변화하는 듯하다. 개인의 삶에 커다란 영향을 미치는
직업의 종류와 역할도 불과 몇 년 사이에 정말 많이 바뀌었다.
학교에서도, 사회에서도 따로 알려주지 않았던
직업의 변화를 객관적으로 살펴보자.
이를 통해 현재 나의 '일'은 안전한지 되돌아보는 기회가 되었으면 한다.
이와 같은 트렌드를 따라가지 못하면 자신도 모르는 사이에
'라떼는 말이야'의 주인공이 되고 말 것이다.

Part 1

직업의 방향성을
잃은 세대

자포자기
청년 백수층 20대

설마 했는데, 정말 안타깝다.

아무것도 하지 않는 청년층이 꽤 많다. 말 그대로, 백수 전성시대다. 심지어 구직을 위한 입사지원서도 작성하지 않은 자발적 취업포기자도 많다. 이유를 물어보니 이런 답이 돌아왔다.

"열심히 써도 붙을 곳이 없을 것 같아서 지원하지 않았다."
"아직은 자격이 되지 않는 것 같아서 준비를 먼저 하려고 한다."
"........."

특히 최악의 구직난을 겪고 있는 대학생들은 취업 준비를 하고 싶지도 않고 그냥 모든 걸 포기하고 싶다며 속마음을 털어놓았다. 안타까웠다. 시도조차 하지 않아서 아예 평가를 받기도 어려운, 모순적인 상황이 되어버렸기 때문이다.

실제로 내 동생이 그랬었다. 지금은 취직했지만, 동생도 정말 나의 속을 뭉그러지게 했다.

당시 내 동생은 "거절당하는 게 두렵다"라고 표현했다. 아주 좋은 학벌은 아니지만, 이공계였기 때문에 쉽게 취직이 될 것이라 믿었다고 한다. (나는 아직도 동생이 무슨 자신감으로 그렇게 믿었는지 모르겠다. 학벌, 학점 모두 좋지 않았고 전공 관련 경험이나 기사 자격증이 있는 것도 아니었기 때문이다. 미안하다 동생.) 하지만 20여 곳의 회사에 지원했다가 탈락이라는 결과가 연속으로 이어지자 동생은 어느 순간 갑자기 이력서를 작성하고 지원하는 과정 자체를 그만두었다.

지켜보는 가족으로서는 너무 답답했기 때문에 화도 내보고, "너 그러다 큰일 난다"라는 협박도 해보고, 달래도 보고, 대신 써줄 테니 지원만 해보라는 회유도 해보았다. 그런데 동생은 어느 날 진심을 담아 이렇게 말했다.

"거절당하는 게 너무 무서워. 그리고 싫어. 가뜩이나 난 별것 없는데 더 작아지는 것 같고 내 존재 자체가 쓸모없는 것 같아서 너무 싫어. 그냥 안 하고 싶어. 차라리 하지 않으면 느끼지 않아도 될 감정이잖아."

처음에는 정말 적잖이 황당했다. 이게 대체 무슨 말인가. 이해하기 어려웠다. 아마 지금 이 글을 읽으면서 공감하는 친구들이 꽤 있을 것으로 생각한다. 현재 나는 30대 중반을 넘어가고 있는데 평생 '꼰대'가

되고 싶은 마음은 없다. 늙은이 같은 말이라 할지 모르겠지만, 정말 냉정하게 말하자면 요즘 젊은 친구들은 '즉석' 상품에 가깝다. 그만큼 참을성이 없다. 어떻게 서류를 제출하자마자 전자레인지에서 '띵' 하고 음식이 데워져 나오는 것처럼 즉각 좋은 결과가 나오길 기대하는가.

거절을 당하면 당연히 아프다. 아픈 것이 정상이다. 뼈아프게 힘들다는 것도 경험을 통해 알고 있다. 하지만 당신만 겪는 상황이 아니다. 혼자 아픈 것이 아니므로 조금은 의연해졌으면 한다. 힘들다고 포기하기엔 너무 놓치는 것이 많고 그러기엔 인생이 너무 길다.

다 지나간다.

힘든 일도, 기쁜 일도 언젠가는 다 지나간다. 사람은 참 간사하다. 내 중심으로 상황을 바라보고 결과가 좋으면 모든 기억이 좋게 남고, 나쁜 기억은 금세 지워지기도 한다. 그러니 너무 일희일비하지 말자. 오히려 유독 나에게만 힘든 순간이 찾아오는 것 같은 느낌이 들 때마다 '앞으로 더 성공하려나 보다!'라고 이겨내면 좋겠다. 제발 자신만의 세계에 갇히지 말고 세상 밖으로 나와서 이 상황을 바꿀 수 있는 아주 작은 실행이라도 해보길 바란다.

조금이라도 공감이 되길 바라는 마음에, 내 이야기를 꺼내보려 한다.

나 역시 죽을 만큼 힘들다고, 나만의 세상에 갇혀 내가 가장 힘든 사람인 것처럼 행동했던 시절이 있다. 정말 변화가 필요했다. 숨을 쉬기 위해 무엇인가에 집중하면서 힘든 순간을 망각하고 싶었다. 자존심이 강했기 때문에 주변 사람들에게 물어볼 용기도 없었고, 무엇을 어떻게 물어봐야 하는지도 잘 몰랐다. 날마다 다람쥐 쳇바퀴 돌리듯 지내다 보니, 이렇듯 시간을 허비하면 정말 이도저도 안 되겠다는 두려움이 들었다. 그러다 성공한 사람들의 이야기를 책으로 접했다. 무언가 강한 끌림 속에서 '이거라도 해야겠다'는 의무감에 휩싸여 마구잡이로 자기계발 서적을 읽어나갔다. 처음에는 무슨 말인지 잘 몰랐지만 어느 순간부터 진심으로 많이 울고 웃었다. 그 당시 읽었던 책들은 아직도 책장에 꽂혀 있다. 가끔 꺼내서 책장을 넘겨보면 그때 썼던 다짐들, 느낀 점들이 고스란히 메모로 남아 있다.

너무 불안하고 힘들고 길을 잃은 것만 같은 기분이 드는가.

소속감이 없어 당장 무엇을 해야 할지 모르겠는가.

그대여, 그대만 그런 것이 아니다. 지금 당신의 멈춰 있는 시간도 정말 길어야 몇 년이면 끝난다.

하지만 그 몇 년을 어떻게 보낼지에 대한 선택은 오롯이 당신의 책임이다.

퇴사 준비생
30대

자본주의의 다양한 부작용은 넘치는 탐욕으로부터 발생한다. 자신의 생존을 책임질 수 있는 수준에서의 적당한 노동은 개인적으로나 사회적으로나 모두에게 이롭다. 이 정도 노동은 누군가의 일자리를 뺏을 염려도 없고, 노숙자가 되거나 남에게 피해를 주지도 않으며 사회의 일원으로서 일당을 충분히 할 수 있다. 그런 면에서 앞서 살펴본 청년 백수층은 위태롭고 안타깝다. 코로나발 최악의 경기침체 상황에서 우리가 해줄 수 있는 것은 무엇일까 고민해본다.

반면, 원하는 기업에 입사한 사람들 사이에서는 퇴사가 유행이다. 처음 입사할 때만 해도 그렇게 기뻤는데…. 뭐가 달라진 걸까?

대기업을 박차고 나온 A대리의 사례를 보자.

#연봉 6,000만 원, 대기업 A대리

"명문 'SKY'를 졸업했고, 5대 그룹 대기업 기획팀에 입사했어요. 처음에는 회사라는 조직이 신기하고 또 욕심이 생겨 밤새워 일했죠. 그러나 두어 해가 지나고 대략 회사라는 곳이 어떤 곳인지 알게 된 후부터는 별로 재밌지가 않더라고요. 본래 밝고 쾌활한 성격이었지만 어느새 엑셀과 각종 숫자 속에 파묻혀 들어갔고, 월급에 중독된 것처럼 영혼 없이 일만 했기 때문이죠. 여행이나 독서도 좋아하고 사색도 좋아했는데, 계속되는 야근에 취미생활을 누릴 힘조차 없었어요. 종일 앉아만 있으니 컨디션도 좋지 않았죠. 그렇게 꾹꾹 참고 버틴 지 5년. 승진해서 대리가 됐고 후배도 생겼지만 여전히 상사가 얘기하는 주인의식은 1%도 가질 수가 없었죠. 그러다 자기계발 책을 한 권 읽게 됐는데, 주도적인 삶에 대한 내용이었어요.

와 닿는 내용이 상당히 많았어요. 뭔가 수동적으로 일하고 있는 현실이 마음에 안 들기 시작했어요. 그 다음부터는 회사에서 동기부여가 잘 안 되더라고요. 처음에는 힘들었죠. 할 건 많은데 힘은 없고….

그러다 커리어 전문가에게 상담도 받고 주말에는 심리 치료도 받으면서 내가 느끼는 것들을 정리해나갔어요. 그래서 정리된 게 제가 원하는 일의 모습이에요. 제가 원하는 일의 모습은 자발성과 자율에 따른 성과더라고요. 지금처럼 시키는 일을 착착 해내는 건 내 스타일이 아니다라는 생각이 정리되기 시작했죠. 무엇이 됐든 조직 밖에서 부딪혀보자는 생각이 강하게 들었어요. 무엇보다 5년간 지속했던 그 일을 계속해야 하는 이유가 꾸준한 월급 외에는 없다는 생각이 들어 여러 번 고민하다 결국 퇴사했어요. 현재는 백수지만, 오늘만 생각하면 행복해요. 컨디션도 회복됐고 이제 앞길을 슬슬 생각해봐야죠. 그런데 대기업은 안 갈 거예요. 차라리 스타트업 갈래요. 어떤 가수는 6개월 동안 곡 작업하고 6개월은 여행 다니면서 영감 얻고 그런다던데, 그런 일자리 있으면 소개 좀 해주세요."

인터뷰 후 느낀 점

매달 꼬박꼬박 들어오는 월급보다 개인의 개성과 자존심이 더 중요한 우리네 청년에게 여전히 수직적이고 보수적인 곳, 회사는 그렇게 매력적이지 않다. 누구나 원해서 나도 원하는 줄 알고 들어갔는데 지금껏 겪어보지 못했던 압박과 스트레스, 중압감에 시달린다. 이를 견디는 과정을 반복하며 '이제 나도 성인이니까 내 앞길은 내가 결정해야지'라는 아름다운 생각을 '퇴사'로 연결한다. 그렇게 자발적인 퇴사를 한 이후에도 나에게 맞는 답을 찾지 못하면 우리는 여전히 미생으로 살아가게 된다.

그러면 그 많은 직장인들은 다 그렇게 힘들게 직장생활을 할까? 물론 아니다. 직장생활에서도 충분히 행복과 자아감을 느끼는 사람들을 많이 만났다. 그들은 대체로 안정지향적이고, 현실에 대한 이성적 판단력이 매우 높았다. 그래서 한 조직의 구성원으로서 늘 반복되는 생활에 수긍하고, 그 안에서 잘 적응하려는 경우가 많았다.

일부는 매우 높은 진취성을 지니고 있어서 직장생활을 하면서도 억대 연봉 이상의 목표를 세우고 한 그룹의 임원으로 성장하기 위해 열심히 노력한다. 탁월한 판단력과 조직 내 관계 형성력 그리고 노동시장을 읽는 능력을 바탕으로, 안정성이 떨어지는 창업이나 프리랜서가 아닌 고연봉 직장인으로서 커리어 전문성을 높여간다. 그러나 다음과 같은 사회문화적 변화로 추정해보건대, 직장인 특히 신입사원부터 대리급까지 젊은 실무자의 퇴사율은 더 높아질 것이다. 더 이상 우리가 원하는 다양한 가치를 담지 못하면서 '직장인'이라는 강점이 계속 희석될 것으로 보이기 때문이다.

#다가오는 직장인의 한계

첫째, 공동체 의식 또는 공동 성과의 미덕이 줄어든다.

저성장 기조가 계속되고 있고 정규직과 비정규직, 자본가와 노동자, 꼰대와 요즘 세대 등 양극화와 함께 노동이 파편화됨에 따라 혼자 일하고 혼자 성과를 내는 일들이 많아지고 대안으로 떠오를 것이다. 유튜브나 총알 배송 등 혼자서 누리는 게 많아지고 편해짐에 따라 적극적인 대인관계 형성이나 공동 성과를 위한 스트레스를 회피하는 문화로 바뀔 것이다. 자연히 한곳에 같이 모여 공동의 성과를 창출하는 직장인의 매력이 점점 사라지지 않을까 싶다.

둘째, 먹고사는 방식이 다양해진다.

온라인 콘텐츠 채널이 다양해지면서 직장인이냐 사업이냐 하는 두 갈래의 생존방식에서 벗어나 1인전문가, 프리랜서, 콘텐츠 크리에이터 등 수입 창출의 형태가 다양해지고 있다. 또 국내외 유통채널 개설의 진입장벽도 매우 낮아지고 있기 때문에 8시간 근무하고 고정된 월급을 받는 직장인의 상대적 우위가 희석될 것으로 보인다.

셋째, 노동시장은 더 유연해진다.

직업 행복도가 높은 국가일수록 직장이 있음과 없음의 차이가 크지 않다. 이런 나라에서는 직업 불안정성이 낮고 선택의 폭이 넓으며 나에게 맞는 직장을 선택할 기회가 많다. 특히 실직을 하면 사회보장제도가 발동되어 새 직장을 찾을 때까지 이전 직장의 월급을 기준으로 높은 실업 급여를 보장해준다. 따라서 실직과 재취업이 자연스럽고 유연하다. 직장이 있고 없음에 따라 세간의 인식이 달라지고, 취업난으로 이전 직장에 준하는 직장을 구하기가 쉽지 않은 우리나라와는 매우 대조적이다. 또한, 낮은 실업 급여에다 생계 걱정부터 해야 하는 것과도 대비된다.

우리나라도 앞으로 노동시장이 유연해지고 직업 선택의 자유도가 높아지면 직장인의 자발적 이동도 더욱 활발해질 것이다. 직장인을 선택한다 하더라도 회사의 것이 아닌 나만의 전문성을 쌓아나가야 한다. 그러기 위해서는 늘 반복되는 회사의 지겨운 일상 속에서도 계속 자기 혁신을 이어나가야 한다. 되도록 그 과정을 즐길 수 있으면 좋겠다.

이제 정규직이 전부가 아닌
30~40대

    과거 부모님 세대에는 안정적인 직장에 정규직으로 입사하면 먹고 사는 데 어려움이 없었다. 높은 경제성장률 덕분에 자수성가도 어느 정도 가능했다. 그런데 정말 변해도 너무 빨리 변하는 이 시대에 '정규직'이라는 타이틀은 더 나아가기 위한 수단이 아니라 최소한의 안전장치로 전락해버렸다.

    고연봉의 안정된 정규직 직장인에게 현재의 삶에 스스로 만족하고 있는지 직접 물어보았다.

#연봉 1억 원, 금융투자사 S과장

    "연봉은 1억이지만 세금 떼고 나서 통장에 들어오는 실수령액은 월 평균 600만 원 후반이에요. 물가가 너무 많이 올랐어요. 특히 집값. 서울 집값 오르는 거 보면 정말 일하기 싫어요. 아직 전세로 살고 있는데,

일해서 버는 돈으로는 집을 살 수가 없죠. 거기에다 우리 애들 유치원 비용을 생각하면 연봉 1억은 별것 아니라는 생각까지 듭니다. 요즘은 회사생활도 쉽지 않아요. 조금 덜 벌어도 되니까 경쟁이 덜한 기업으로 이직을 하고 싶기도 해요. 조직문화가 좋아졌다고 하지만 그건 새로 들어오는 신입사원 얘기이고, 저 같은 매니저 직급은 중간에 끼어서 일이 너무 많아요. 연봉을 높게 주는 건 다 그만한 이유가 있는 거죠."

전 세계적으로 날마다 새로운 영상 콘텐츠가 쏟아져 나오고 있고, SNS에서는 행복한 일상 자랑이 펼쳐진다. 이처럼 실시간 비교가 가능하다 보니 '연봉 1억'도 소박해 보이고, 자존감을 상하기에 충분하다. 특히 서울을 중심으로 몇 년간 급격하게 오른 부동산값은 연봉 1억의 가치를 무색하게 만들기도 한다.

혹시 연봉이 1억보다 조금 더 높으면 조금 더 행복할까? S과장이 아닌 다른 정규직에 인터뷰를 요청했다.

#연봉 1억 7,000만 원, 정유사 L차장

"월급은 대출 갚는 데 다 써요. 대기업을 다니니까 대출은 잘 나오거든요. 그런데 대한민국에서 월급으로 부자 되는 사람이 있을까 싶네요. 우리 회사는 거의 정년이 보장되지만, 회사랑 안 맞아서 퇴사를 하거나 월급을 모아서 이민을 가는 사람도 있어요. 여유가 없어서 그런지 최근 신입사원들은 퇴사가 더 잦아요. 어디 가느냐고 물어보면 다른 회사 가는 것도 아니고 대학원을 가거나 스타트업에 간다고 해요. 대기업은 보수적이고 딱딱해요. 회사생활이 즐겁지 않고 매일 매일을 쳇바퀴 도는 인생이라고 생각하면 여기가 바로 지옥일 수도 있는 거죠. 돈보다 중요한 게 나랑 맞는가 아닌가 하는 겁니다. 연봉은 그냥 주는 게 아니고 결국 내 시간과 노력을 다 쏟아야 주는 것이니까요."

많은 청년이 선망하는 정규직, 그중에서도 억대 연봉을 받는 사람들을 인터뷰했지만 극심한 경쟁 속에서 느끼는 팍팍한 삶과 불확실한 미래는 다르지 않았다. 절대적 기준은 다르겠지만 개인이 느끼는 빈곤은 여전했다. 억대 연봉자면서 캐나다 이민을 결정한 H자동차 Y부장은 과중한 업무와 책임에다 개인적으로도 결혼, 출산, 육아 등 인생의 중대사를 겪으면서 팍팍한 현실에 여유가 없다고 답했다.

정규직은 정규직대로 고충이 많았다. 너무 많은 일에 시달려서 번아웃을 호소하고 이민까지 고려하고 있다. 우리, 괜찮은 걸까?

인터뷰 후 느낀 점

자본주의의 문제점은 욕심으로부터 온다. 하지만 자신의 생존을 책임질 수 있는 수준에서의 자유로운 노동은 자연 인격체를 기준으로 볼 때 완벽하다. 그런 측면에서 당당한 청년 백수는 어쩌면, 조금의 미래 걱정만 덜어놓는다면, 매일 쳇바퀴 생활을 하는 공무원이나 대기업 정규직보다 더 행복하고 자유로울 수 있다. 지금 수많은 주니어 레벨 직장인이 퇴사하는 이유도 일이 어렵거나 힘들어서가 아니라 매일의 속박된 규율이 맞지 않기 때문이다. 그러면서도 대부분의 구직자와 직장인들이 '정규직'이라는 타이틀을 갖고자 노력한다는 건 참 아이러니다.

노동·커리어 관련 고뇌와 고민으로 상담을 청하는 클라이언트는 대부분 일자리가 없어 계약과 종료를 오가는 비정규직이 아니라 번듯한 직장을 가진 정규직이다. OECD 국가 중 우리나라의 행복도는 최하위권인 30위다. 우리나라 근로자의 70%가 정규직인 점을 감안하면 우리나라 정규직의 대부분은 행복하지 않다고 볼 수 있다.

우리는 매일 정해진 출퇴근 시간 속에서 임금을 목적으로 사용자의 지시와 감독, 통제를 받는다. 정규직은 그런 매일의 규율된 삶에 자의든 타의든 비정규직보다 더 구속되어 있다. 이런 환경에서는 개인의 개성과 자아 그리고 생각과 의도가 온전히 발휘될 수 없다. '자아실현'까지 운운하지 않더라도 일을 통해 언젠가는 경제적 자유를 실현해야 하는데 지금의 월급으로 언제까지 일해야 부자가 될 수 있을까? 노동분배율과 소득 격차가 매우 큰 현재의 상황에서 우리는 정규직의 속성을 제대로 봐야 한다.

정규직을 희망하는 당신에게 묻고 싶다. 어딘가에 종속되어 임금을 목적으로 평생 또는 정년 때까지 정기적으로 일하는 게 당신의 목표인가? 아니면 누구나 선망하기 때문에, 누구나 정답이라고 생각하기 때문에 당신도 원한다고 착각하고 있는 건 아닌가?

전 미국 노동위원장 레인 커클랜드는 이렇게 말한다.

"만약 고된 일이 아주 멋진 것이었다면, 부자들은 틀림없이 자신들만을 위해서 간직했을 것이다."

'일'이 정말 멋지고 새로운 부를 만들 수 있는 것이라면, 부자들이 모든 일을 독차지했을 것이 아닌가. 그런데 현실은 그렇지 않다. 성실함의 미덕과 노동의 가치를 존중하는 사회지만, 고된 노동은 노동이 필수가 아닌 자본가들의 몫이 아니다.

누구나 원하는 안정된 정규직 일자리를 희망하기 전에, 한 번쯤 일의 최종 목적과 원하는 일의 형태를 생각해볼 필요가 있다. 그렇지 않으면 나와 맞지도 않는 일을 평생 하면서 일의 결과인 월급만을 바라보며 근면성실의 미덕에 자유를 빼앗길 수도 있다.

불확실한 시대, 정규직만이 답은 아니다

국내 노동시장에서는 여전히 정규직과 계약직의 차이가 분명하다. 그러나 코로나19로 인한 경기침체와 구조조정의 압박으로 오늘의 정규직이 내일의 안정을 가져올 수 있을지는 미지수다. 점차 안정된 일자리는 감소할 것이고 정규직 또한 일자리를 위협받을 것이다. 동시에 앞으로 더욱 높아질 최저임금 수준을 감내하기 힘든 기업은 필요할 때만 계약하는 단기 일자리를 계속 늘려나갈 것이다.

'긱워커', '긱경제'라는 단어의 탄생과 관련 기사가 증가하고 있는 것은 일자리 트렌드가 빠르게 인스턴트화되고 있음을 반증한다.

여기서 재미있는 발상의 전환을 해보았다. '평생직장'의 의미가 모호해지는 현시점에서 우리는 어쩌면 '슈퍼 비정규직'이 되기 위한 나만의 고유 경쟁력을 쌓아야 하는 것이 아닐까? 어디에 소속되어 있지 않더라도 미래의 일자리를 확보하는 법, 직장 상사 대신 나의 고객을 상대하는 법, 치열한 채용시장에서 나의 역량을 브랜딩하고 생존하는 법을 터득하고 갈고 닦아야 할 것이다. 따라서 취업을 준비하는 신입 지원자라면 근로형태에 얽매여 공백기를 늘리는 대신 직무 역량을 채워나가면서 나의 가치를 업그레이드할 기회인가 아닌가를 비교결정하는 것이 현명한 전략이 아닐까?

Part 2

틀을 깨다:
새로운 노동인구의
탄생

내 직업을 만드는
셀프 창직

"당신의 직업은 이제 존재하지 않습니다."

매일 같은 시간에 출근하고 퇴근하며 살아가던 어느 날, 갑자기 이런 말을 듣는다면 기분이 어떨까? 그동안 우직하게 이 길만이 정답이라 생각하면서 살아왔는데 말이다. 황당한 상상이긴 하지만 나의 직업이 정말 10년 뒤에 없어진다고 가정한다면?

실제로 작년 초 다보스포럼에서 발표한 '미래고용보고서'에서는 4차 산업혁명으로 인해 2020년까지 약 700만 개의 일자리가 사라질 것으로 전망했다고 한다. 유명한 미래학자 토머스 프레이 다빈치 연구소 소장은 2030년경 20억 개의 일자리가 사라질 것이라는 예언을 하기도 했다.

핵심은 어떤 직종이 유망하거나 혹은 사양되고 있는지 알아보자는 것이 아니다. 지금처럼 급변하는 시대에는 어떤 결론을 내리건 바로 다음날 모든 것이 새롭게 변할 수도 있기 때문이다. 하지만 지금 내가 선택한 직업이 앞으로 살아갈 삶의 전체가 아닐 수도 있다는 가능성에 대해 미리 인지하고 다른 시각에서 고민해보는 것은 의미가 있지 않을까 싶다.

최근 몇 년 사이에 나타나고 있는 새로운 노동 형태에 대한 참신한 단어가 있다. 바로 창직이다. 스스로 일자리를 만들고 자기 자신을 고용하는 창조적 활동을 말한다. 즉 나의 '일', 나의 '직업'을 내가 만드는 것이다. 회사를 만들어 사업을 시작하는 창업과 유사하다고 볼 수도 있지만 '새로운 직업'을 만들어낸다는 게 차이다. 1인미디어 콘텐츠 개발자(유튜버), 유품 담당 관리자, 시니어 여가 매니저, 여가 컨설턴트, 졸업앨범 기획자, 농촌 관광 플래너 등이 바로 창직 사례들이다.

이처럼 변화하는 직업의 트렌드에 어떻게 대응하면 좋을까? HR 업계 전문가들은 개인이 좋아하는 일을 깊이 있게 찾아보라고 입을 모은다. 나는 오히려 이 문장이 해석하기 어렵다. 그래서 이렇게 조언을 하고 싶다. 자신의 인생에 최대한 다양한 범위의 자극을 주어보라고.

당장 무엇인가를 극단적으로 바꿀 필요는 없다. 꽉 짜인 삶의 틀 안에서 조금만 다른 행동을 해보아도 좋다. 일단은 행동(action)이 가장 중요하다. 하나씩 변화를 주어보는 것.

예를 들어 당신의 일상이 감사하지만 다소 지루한 것 같아 퇴사를 하고 싶을 경우 바로 무엇인가 결단하기보다 우선 일상에서 작은 변화를 주는 것부터 시작해보라는 것이다. 다시 한번 강조하지만 시작은 아주 작은 것이어도 충분하다. 어떤 것에 흥미를 느끼는지 하나씩 배워보는 것부터 시작해도 좋다. 요즈음은 일일 강좌 종류도 매우 많다. 관심만 있다면 바로 시작할 수 있다. 또 다른 예로, 먹는 메뉴가 대체로 일정했다면 다른 종류를 접해보고, 매일 가던 길을 다르게 돌아가 보는 것처럼 작지만 내가 할 수 있는 범위 내에서 새로운 자극들을 줘보는 것이다.

이처럼 우리의 삶을 보면, 생각보다 나 자신에 대해 시간을 쏟으면서 알아가는 사람들이 많지 않다. 그래서 이와 같은 작은 변화로도 내가 어떠한 사람인지 스스로 깨닫게 되는 경우가 많다.

이와 관련해서 내가 20대 초반에 읽었던 책 중에서 아주 인상 깊었던 구절을 함께 공유하고자 한다. 「명함의 뒷면」이라는 책인데, 저자는 명함의 앞면에 쓰여 있는 기업명과 부서명, 직책을 지운 뒤 자신의 본질적인 정체성을 다시 정의해보라고 권한다. 즉, 무슨 기업 대표나 어느 그룹의 실무 담당자, 자영업자, 사업가, 전문 변호사 등과 같은 직함과 직급을 모두 떼고 당신을 어떻게 표현할 수 있는가에 대한 질문을 던지는 것이다.

나는 이를 '발상의 전환'이라 생각했고, 지금까지 이에 대한 답변을 하나씩 채우기 위해 노력하고 있다.

이제 나도 당신에게 묻겠다.

"당신은 명함의 뒷면에 무엇을 적을 수 있는가?"

▲ 아무것도 채워져 있지 않은 명함의 뒷면

초단기
계약직의 탄생

　최근 전 세계적인 일자리 흐름이 어떻게 변화하고 있는지 함께 살펴보자. 2019년 상반기 뉴욕증시는 프리랜서 매칭 플랫폼 업체 두 곳의 상장(IPO)이 주요 쟁점이었다고 한다. 글로벌 플랫폼 업워크(upwork.com)는 대표적인 긱 이코노미 플랫폼인데, 약 1,200만 명의 프리랜서와 3,500개의 기술이 등재되어 있다. 이외에도 태스크래빗(taskrabbit.com), 파이버(fiverr.com), 크레이그리스트(seoul.craiglist.org), 피플퍼아워(peopleperhour.com), 프리랜서닷컴(freelancer.com) 등 여러 채널이 존재한다. 실제로 노동을 제공하는 측면에서 보면 시공간의 개념이 무색해지고 있다. 미국에서는 2020년에 직업의 43%가 이와 같은 형태로 바뀔 것으로 예측된다. 이는 비단 미국만의 이야기가 아닌 것 같다.

　국내 상황은 어떠한가? 디자인, 마케팅, 컴퓨터 프로그래밍, 번역, 문서작성, 레슨 등 10개 서비스를 제공하는 크몽(kmong.com), 숨고(soomgo.com)를 비롯해서 온라인 강좌 플랫폼인 클래스101(class101.net) 등의 인기가 상당히 높아지고 있다.

이들의 SNS 홍보 멘트 가운데 "넌 월급만 받니? 난 월급도 받아!"
와 같은 문구가 있다. 다소 자극적이지만 지금의 일자리 현상을 가장
직설적으로 보여준다. SNS를 통해 경쟁하고 비교하는 대상의 풀이 매
우 넓어졌다. 이전에는 같은 동네에서 500만 원 더 버는 친구가 경쟁자
였는데, 이제는 SNS를 통해 연 5,000만 원을 더 버는 잘나가는 또래가
눈에 들어오기 시작한다. 그런 격차를 빠르게 채우기 위해서 우리는

좀 더 벌어야 하고 좀 더 노력해야 한다. 이제 근로자와 기업의 전통적인 1:1 근로관계에 따른 수익은 큰 동기가 되지 못한다. 이런 이유에서 자유와 자아실현의 중요성과 함께 긱워커가 등장했다.

최근 인기가 높았던 「긱워커로 사는 법」의 저자 토머스 오퐁은 이러한 긱워커 즉 독립형 근로자를 다음과 같이 네 가지로 분류했다. 이를 쉽게 풀어보았다(by 맥킨지 글로벌 연구소).

1. **프리에이전트**: 능력이 있지만 스스로 선택한 경우. 저자는 이 경우도 컨설턴트/독립계약자/프리랜서 등으로 상세히 구분했다.
2. **시간제 긱워커**: 정규직이 있지만 추가적인 수입과 비전 실현을 위해 소위 투잡, N잡을 하는 형태다.
3. **비자발적 긱워커**: 정규직으로 취업을 하지 못해 어쩔 수 없이 선택하게 된 경우. 사실상 우리가 꿈꾸는 형태에서 제외되는 영역이다.
4. **저소득 긱워커**: 이 또한 제일 피하고 싶은 유형. 수입이 너무 적은 경우이기 때문에 긍정 범주에서는 제외된다.

긱워커의 개념은 계속 진화하고 있다. 한 가지 중요한 것은 여러 플랫폼의 등장에 따라 가입만 하면 내 능력을 여러 곳에 제공하고 판매할 수 있는 매대가 생긴다는 점이다. 판매할 제품이 얼마나 매력적이냐에 따라서 그에 대한 값어치도 실시간으로 매겨질 것이다.

우리나라의 경우 긱워커는 '특수형태근로종사자'로 불리며 비교적 열악한 조건의 계약 형태를 띠고 있다. 배달 플랫폼 종사자, 택배기사 등이 이에 해당한다.

긱워커는 앞으로 더욱 무궁무진하게 진화해나갈 것이다. 누군가는 근무시간에 구애받지 않고 자유로이 일하고 수익을 창출할 것이다. 하지만 누군가는 플랫폼의 일부가 되어 초단기 계약을 계속하면서 생산성이 낮은 일을 해나갈 수밖에 없을 것이다.

우리나라의 기업이 대부분 재택근무를 하게 될 것이라고 누가 상상이나 했겠는가? 물론 재택근무는 '코로나19 사태'라는 외부적 환경에 따라 어쩔 수 없이 시행되고 있고, 지금도 보수적인 견해가 아주 많다. 나 역시 무조건 이 제도의 긍정성을 옹호하는 것이 아니다. 하지만 우리가 멀다고만 느꼈던 조직 문화나 근무 형태가 어떤 이유로든 현실에서 일어나고 있다는 점을 다시 한번 상기시키고 싶다.

아직 근로 법안과 노동권 보장 등의 구체적인 보완이 필요하겠지만, 적어도 이러한 고용시장의 변화는 눈여겨볼 만하다.

누가 아는가? 이제 정규직을 택하는 대신 스스로 긱워커가 되겠다고 외치는 '슈퍼 비정규직'이 더 많아지고, 정규직을 능가하는 경쟁력이 생길지 말이다.

일이 하나일 필요는 없다는
N잡러 시대

일에 대한 정의가 변화하는 만큼, 내가 하는 일이 굳이 하나일 필요는 없다는 인식도 증가하고 있다. 다음 두 가지 양극화된 사례를 통해 현실을 살펴보자.

#졸업 후 충분히 행복한 아르바이트생. 나욜로

"포기하면 편하잖아요, 어차피 혼자 사는 인생인데. 집에서 유튜브나 넷플릭스 보면서 쉬기도 하고 참 편해요. 주변 직장인들을 보면 아등바등 살면서 힘들어하는데, 야근이 많이 사라졌다고 하지만 사람 관계도 힘들다고 해서 별로 부럽지 않아요. 지인 중에는 대기업 들어갔다가 퇴사한 사람도 많아요. 왜 퇴사했냐고 물어보니까 돈은 아무것도 아니고, 사람 스트레스가 어마어마하다고 그래요. 전 그런 과정을 거치지 않아도 되니 속이 편하네요. 정규직 입사하면 싫은 사람도 계속 보면서 일을 해야 할 텐데 진짜 내 스타일은 아니라는 생각이 들었어요. 그나저나 최저임금이 올라서 너무 좋아요. 이제 주휴수당 포함하면 200만 원 가까이 되는데, 나중에 돈이 부족하면 주말에 다른 아르바이트 하면 되죠. 굳이 정규직이 되어서 평생 일하고 싶은 생각은 전혀 없어요."

나욜로와 같은 프리터족이 계속 증가하고 있다. 프리터족은 자유라는 'free'와 노동자라는 'arbiter'를 합친 단어로, 1990년대 초반 경제 불황으로 인해 정해진 직장 없이 갖가지 아르바이트로 생활하는 청년층에게 붙여진 신조어다.

처음에는 이들이 편하게 살기 위해 프리터족을 선택했다는 오해와 편견이 있기도 했다. 또 한때는 더 높은 이상을 실현하기 위한 수단으로 아르바이트를 택한 젊은이라는 뜻도 포함하고 있었지만, 요즘에는 '생계 수단'이라는 의미로 많이 좁혀진 것 같다. 안정된 직장이 아니더라도 아르바이트 형태로 돈을 벌 수 있는 수단을 몇 가지 열어두는 구조인 셈이다. 가까운 일본만 해도 이미 오래전부터 젊은 청년들이 제대로 된 직장에 들어가는 대신 아르바이트로 생계를 유지하는 경우가 많다고 한다. 이 또한 새로운 패러다임인 셈이다.

반면, 이번에는 나욜로와 전혀 다른 사례다. 같은 연령대보다 고연봉의 소득 수준을 갖고 있지만 더 높은 무엇인가를 갈망하며 투잡, 쓰리잡을 하는 다음 사례를 보자.

#한 직장 '존버' 5년 고연봉 대리. 나열심

"개인적으로 욕심이 매우 많고 또 열심히 사는 고연봉 직장인 5년 차입니다. 차는 독일 B사 거 타고 있고, 주말마다 호텔이나 좋은 여행지 찾아다니며 열심히 일한 저 자신에게 톡톡히 보상하고 있어요. 회사는 5년 다녔는데, 대기업이라 연봉은 6,000만 원, 월 400만 원 이상이에요.

사실 지금의 삶을 드라마틱하게 바꾸기는 쉽지 않다는 생각이 들어요. 결혼하려면 집도 사야 하는데 거의 불가능이죠. 대안이 있냐고 물어보면 그렇지도 않아요. 선배들 얘기 들어보니까 나중에 결혼하고 자녀가 생기면 더 힘들다고 하더라고요. 선배들 사는 것도 별로 행복해 보이지 않고요. 그래서 고민이에요. 미래를 생각하면 현재 연봉으로도 갑갑하다는 생각이 들고요. N잡러가 유행이라고 하길래 퇴근 후에 대리운전도 해봤어요. 몸은 피곤하긴 한데 변화가 재밌더라고요. 모르겠네요. 드라이브라도 가고 싶어요."

#퇴근 후 스마트 스토어로 월급보다 더 많이 버는 중소기업 8년 차 직장인. 나투잡

"아시잖아요. 중소기업 월급. 뻔하죠. 이걸로는 우리 가족에게 쾌적한 환경을 제공해주기가 어려워요. 마침 부모님이 지방에서 토마토를 재배하는데, 온라인 마케팅을 도와드려봤어요. 요즘은 온라인 스토어가 잘 돼 있어서 온라인 판매가 진짜 쉬워요. 산지에서 부모님이 주문 온 거 확인하고 보내고 있고요. 다행히 후기가 좋아서 판매율이 제법 돼요. 그렇다고 지금 직장을 그만두고 할 일은 아니고요. 불안하잖아요. 퇴근하고 나서나 주말에 보는 거죠. 재밌어요. 수입도 늘어나니까 좋고."

이상과 물가수준은 높아지는데, 월급은 항상 모자란다. 취미생활을 즐기더라도 남들 정도 수준의 장비나 도구를 맞추려면 상당한 비용이 든다. 욕심을 줄이거나 소비를 줄여야 하는데 SNS를 보면 나 빼고 다 수입차를 타고 있고, 다 잘사는 것 같다. 뭘 더 줄이라는 건가. 그래서 욕심도 줄이지 못하고 소비도 줄이지 못하면서 불안해한다. 열심히 사는 누군가는 돈을 더 벌 수 있는 궁리를 하면서 추가 일거리를 구하기도 한다. 한 달에 딱 100만 원만 더 추가로 수입을 올릴 수 있다면 어떨까 하면서 투잡, 쓰리잡을 알아본다.

이와 같은 두 가지의 양극화된 사례만 보더라도 '일'이라는 개념이 결코 하나일 필요는 없다는 인식이 늘어나고 있다는 걸 알 수 있다.

Part 3

포스트 코로나19: 시공간을 허무는 일자리 변화

정리해고의
일상화

코로나19로 전 세계 경제가 흔들리고 있다. 그 여파로 많은 사람이 일자리를 잃는 직격타를 맞았다. 코로나19 이후 기업, 우리의 직업 그리고 일은 어떻게 전개될까?

L그룹 인사교육팀 과장에게 코로나19 이후의 변화에 관해 들어보았다.

"앞으로는 사람이 할 수 있는 일의 범위가 더 좁아질 거예요. 인사 담당자의 관점에서 코로나19가 일반 경제위기보다 무서운 건 '대면하는 모든 활동'이 다 대체된다는 점이에요. 회사라는 곳이 결국 사람이 모인 곳이라, 출근하고 모여서 회의하고 일하고 같이 퇴근합니다. 그런데 이제 그렇게 모여서 하는 활동의 의미와 생산성에 대해 다시 한번 생각하는 계기를 맞게 됐죠. 그런 활동이 기업가치에 명확한 도움이 되지 않는다면 축소 또는 폐지할 수 있다고 봅니다. 단기적으로는 비대면으로 대체될 거고요. 9시에 출근하고 6시에 퇴근하는 업무 형태, 즉 '주 52시간 근무제'라는 제도뿐 아니라 모든 상황이 완전히 바뀔 것 같아요. 분명 필요 없는 인력이 생길 거고, 지금보다 더 자연스럽게 상시 정리해고가 진행될 것이라 생각됩니다."

그렇다. 코로나19는 매일의 출근과 퇴근, 즉 일상의 노동에 의문을 제기할 것이다. 노동이 기업의 성과에 직접적인 도움을 주지 않는다면 기업은 그런 노동계약을 해지할 수밖에 없다.

노무 자문을 하다 보면 많은 정규직 직장인들이 우리나라는 해고가 정말 어렵지만 그래도 걱정이 없지 않은지 묻는다.

정답은 일단 '그렇다'이다. 우리나라의 근로기준법상 해고와 정리해고는 매우 엄격하게 이루어지고 있다. 또 호봉제를 비롯해 연공서열적 조직문화의 임금구조 덕에 정서상으로도 해고는 기업의 최후 수단으로 여겨진다.

그러나 경영환경이 급변함에 따라 법도 바뀌고 있다. 대법원의 정리해고 요건 관련 판례에 따르면, 기업이 도산을 회피하기 위해 또는 장래에 올 수 있는 위기에 미리 대처하기 위해서라면 정리해고의 필요성이 인정된다고 과거보다 유연하고 넓게 판시하고 있다. 지금과 같이 코로나19가 안겨준 최악의 실물경제 위기 상황에서 정리해고는 충분히 타당성이 있다고 해석할 여지가 높다.

다시 말하자면 스스로 자신의 일의 가치를 증명하지 못하면 정리해고는 결국 나의 문제가 될 수도 있다. 이 또한 '안정적인 직장'의 개념이 점차 희석되고 있다는 반증이다. 우리가 뜻했든 아니든 시대는 이처럼 변하고 있다. 그리고 코로나19와 같은 예상치 못했던 환경이 불쑥 다가오기도 한다. 수동적인 삶이 위험한 이유가 바로 이것이다. 언제까지 내 인생을 그냥 흐르는 대로 둘 것인가. 이제 당신은 선택해야 한다.

일자리 환경의
변화

국제노동기구(ILO)는 코로나19의 세계적 대유행으로 인해 일자리가 적게는 530만 개, 많게는 2,470만 개 사라질 것으로 추산했다. 이는 2008~2009년 국제금융위기 때보다 10% 이상 높은 수치다. 게다가 기계로 인한 인간노동의 대체현상까지 더해보면 앞으로 더욱 엄청난 일자리가 위협받을 것으로 추정된다. 코로나19 이후 우리의 일자리 형태는 어떻게 변화할까? 다음과 같이 예측해본다.

첫째, 현장노동의 종말

숙박시설, 음식점, 제조업, 소매업 등 '현장노동' 위주의 일자리가 큰 타격을 입을 것이다. 앞으로 단순 반복적 업무와 함께 고객 대면 업무 등은 지속적으로 대체될 가능성이 크다.

둘째, 노동 가치 증명의 압박

인공지능(AI)과 빅데이터의 도입으로 노동생산성이 더욱 구체적으로 증명될 것이다. 정량적 파악이 어려운 연구개발 또는 사무업무 등도 앞으로는 구체적인 생산성과 성과 파악이 가능해질 것이다. 이에 따라 출퇴근을 중심으로 하는 '근면' '성실'의 미덕보다 성과의 압박이 더욱 커질 것이고, 성과를 내는 인력과 그렇지 못한 인력의 차이는 더욱 벌어질 것이다. 정규직은 계속 생산해내야 하니 더 피곤해질 것이고 경쟁적 기술을 갖지 못한 비정규직은 딱히 갈 만한 노동현장이 없어 더욱 소외될 것이다.

셋째, 정부 주도의 공공기관 일자리 강화

공적 부조의 필요성이 더욱 늘어남에 따라 민간 분야의 일자리는 감소하는 반면 공공기관 일자리는 계속 늘어날 전망이다. 코로나19 사태에도 공공기관 일자리는 거의 위협받지 않았다. 오히려 떨어진 고용률을 높이고자 더 많은 일자리가 생겨날 것이다. 또 공공기관의 경우에는 민간경력자 채용 등 여건이 좋은 안정적 일자리가 계속 늘어날 것이라 예상된다.

넷째, 고정된 일자리의 소멸

일의 형태를 크게 두 가지로 나누어 보면, 매일 고정적으로 해야 하는 루틴 즉 효율의 영역이 있고 변화하는 환경에 맞추어 계속 발전하고 혁신해나가는 창조의 영역이 있다. 기계 및 AI가 전자(효율)를 담당할 것이고, 인간은 후자^(창조)를 담당할 것이다. 창의와 창조는 고정되지 않은 일과 사유에서 나온다. 그렇다면 더욱 창조적인 결과물을 내기 위해 정해진 근로시간에, 좁은 사무실로 출퇴근을 하는 게 타당할까? 앞으로는 이러한 변화에 맞춰 필요할 때만 출근하고 그렇지 않을 때는 더욱 창조적으로 일할 수 있는 근로환경을 갖춘 기업이 성장할 것이다.

다섯째, 원격·재택 근무의 활성화

그동안 '비대면 근무'가 불가능할 것이라 여겨졌던 산업 영역에서 의외로 원격·재택 근무가 수월하게 이뤄지면서 노동에 대한 전통적인 인식마저 깨졌다. 또한 ZOOM이나 구글 Meet 등 관련 기술이 더욱 빠르게 고도화되면서 원격·재택 근무는 더욱 활성화될 것이다.

이처럼 시간 및 공간의 제약이 점점 더 없어지는 시대, 당신은 어떠한가. 아직도 고정적인 출퇴근이 필요하다고 생각하는가? 사무실에 출근해야 일의 효율성이 높아진다고 생각하는가?

만약 뜨끔했다면, 당신은 이미 현시대에 도태되고 있는 것과 다름없다. 고정의식이라는 틀을 깨야 새로운 시대에 적응할 수 있다.

점점 중요해지는
당신의 전문성

일이 변화한다

앞에서 살펴본 바와 같이 인간이 제공하는 노동은 수요와 공급 측면에서 매우 큰 변화를 겪고 있다. 우리는 세상의 모든 변화를 예측할수 없다. 또 각자의 삶과 만족의 형태가 다르므로 어떤 일을 어떻게 해야 할지는 각자가 판단해야 한다. 그런데 규모를 가늠하기 힘든 정보의 홍수 속에서 살면서도 정작 자신과의 대화는 단절되어 있다. 그렇다 보니 내가 잘하는 일, 내게 맞는 일을 생각해볼 여유도 없이 그냥 앞만 보고 살게 되고, 어느 순간 후회하게 된다.

과거에는 '일'의 의미가 지금보다 훨씬 컸다. 일은 곧 생계이자 한 사람의 세계였다. 그만큼 일은 성스러운 것이었다. '일하지 않는 자 먹지도 말라'는 성경 말씀도 있지 않은가. 그러나 '존재의 이유'를 생각해보면 일은 수단일 뿐 목적 그 자체는 아니다. 오히려 내게 맞지 않은 일,

과도한 일은 개인의 행복을 해칠 수도 있다. 따라서 일에 너무 큰 의미를 부여하지 말고 자유롭게 생각할 수 있어야 한다.

상담을 하다 보니 요즘 직장인과 구직자들에게 일의 의미는 최소한의 수단 즉 생계의 수단으로 귀결되는 것 같다. 안 그래도 고되고 힘든데 일을 통해 굳이 자아실현까지 해야 하는지 반론을 제기한다. 이 때문에 적당히 벌고 적당히 일하는 삶에 만족하는 프리터족이나 욜로족, 파이어족이 주목받는 듯하다. 그러나 앞에서 얘기했던 것처럼 '학습된 무기력감'은 궁극적으로는 개인에게도, 사회에도 좋지 못하다. 목적과 방향이 없는 노동은 결국 도태되기 마련이므로 나중에는 아르바이트 자리마저 주어지지 않을 수 있다.

이제 일자리를 어느 정도 보장받는 정규직도 안전하지 않은 시대다. 대부분의 비정규직 포지션은 인스턴트 일자리가 되어 더욱 짧아지고 열악해질 것이다. 하지만 그러는 와중에도 누군가는 분명히 새로운 기회를 찾고 고부가가치 노동을 해나갈 것이다.

이제 무엇을 하건 일의 방향에 대한 기준이 바로 선 상태에서 선택해야 한다. 그래야 지금 현재의 내 일이 진정한 자유의 수단이 될 수 있기 때문이다.

뒤집어지는 당신의 명함

결국, 어떤 일을 하든 개인의 전문성이 중요하다. 현재 내가 속한 조직 또는 나의 타이틀을 떼고서도 먹고살 수 있을 정도의 능력과 자신이 있어야 한다는 얘기다.

비즈니스로 만난 사람들은 서로 명함을 주고받는다. 나 역시 수많은 명함을 받았고, 수많은 사람에게 내 명함을 건넸다. 명함과 관련된 재미있는 에피소드도 많았다. 백지 명함, 쓸데없이 많은 타이틀이 뒤죽박죽 섞여 있는 명함, 딱 한 문장만 쓰여 있는 명함 등이 특히 기억에 남는다.

이제 당신의 조직과 타이틀 대신 차별화된 전문성이 담긴 명함을 상대방에게 자신있게 건넬 수 있도록 내실을 채워 나가자.

전문성이란

전문성이란 과연 뭘까? 사전적인 의미로 전문성은 ① 실제 사람의 행동/잠재력, ② 높은 수준의 수행 결과, ③ 특수한 영역(분야), ④ 지식, 기술, 태도라고 했다. 그렇다면 이 모든 의미를 포함할 수 있는 '나'를 만들어가야 한다. 특히, 마지막 4번의 지식과 기술 그리고 태도가 중요하다. 이는 곧 국가직무능력표준(NCS)에서 정의한 '일 잘하는 인재들의 역량 세 가지'이기도 하다.

첫 번째로, 우리가 속해 있는 영역 혹은 개인이 관심도 있고 잘하는 분야를 우직하게 들고 파는 지식이 그 시작점이 될 수 있겠다. 요즘처럼 모든 게 빨리 변화하고 정보가 넘쳐나는 세상에서는 단순히 내가 무엇을 알고 있다(know-how)보다는 무엇을 지속적으로 습득(learn-how) 한다는 측면에서 지식을 쌓아가면 좋겠다.

두 번째로, 머릿속에 갖춘 이론들을 어떻게 현장에서 풀어내어 사회를 이롭게 할 수 있는지 생각하면서 하나씩 기술을 발전시켜 나가자. 자격증을 취득하는 것부터 시작해도 좋다. 중요한 것은 하고 싶은 일에 맞추어 일관되게 발전시켜 나가는 것이다. 앞으로는 한 길을 더 깊이 있게 파는 사람이 결국 승리할 것이다.

마지막으로, 결국은 인간으로서도 전문성이 있는 사람이 되어야한다. 직장인, 창업인, 프리랜서, 전문직 등 어떠한 형태로 일을 하든 혼자서는 생존할 수 없다. 사람과 사람이 만나야 시너지를 얻을 수 있다. 즉 대인관계는 필수불가결 요소다. 1도 안면이 없는 누군가를 만나도 단 몇 분 만에 오래전부터 알던 사람인 것처럼 편안하고 친근감이 생기는 사람이 있는 반면, 몇 년을 알고 지내도 불편한 사람이 있다. 선천적으로 타고나는 성향도 있지만 후천적인 노력이 필요하다. 당신의 인품도 매우 중요한 능력이다.

완벽한 자유는
하고 싶은 일을 하면서 그 일로 생계를 이어가는
인간을 위해 준비되어 있다.

- 로빈 콜링우드(Robin, G. Collingwood, 1889~1943)

제2장
그래서 '일'은
중요하다

제1장에서는 '일'의 환경과 의미가 시대에 따라 계속 바뀐다는 걸 설명했다.
이와 더불어 가치관과 경제 환경이 변화하면서 생기는
직업의 다양한 흐름을 살펴보았다.
이번 장에서는 글의 초점을 '나의 일'로 맞춰보고자 한다.
여기서 '일'을 다시 한번 재정의하고
나에게 맞는 일이 무엇인지 알아보자.

Part 1

일의 정의와
해결책

'일'의
재정의

"Does what you do define who you are?"

평소 참 좋아하는 문구인데, 문장 내에 많은 뜻을 담고 있다. 직역하자면 다음과 같다. (이보다 더 센스 있게 번역해줄 분이 분명 있으리라 생각하지만…)

"당신이 하는 일로 당신이 누구인지 정의할 수 있나요?"
이 문장은 개인의 상황에 맞춰 다양하게 대입해볼 수 있을 것 같다.

대기업을 다니는 당신의 '일'이 **박그룹 당신**인가요?
A기업을 다니는 당신의 '일'이 **이명예 당신**인가요?
공기업을 다니는 당신의 '일'이 **나안정 당신**인가요?
전문직으로 활동하는 당신의 '일'이 **일잘러 당신**인가요?

크리에이터로 활동을 하는 당신의 '일'이 **핵인싸 당신**인가요?

사업을 하고 있는 당신의 '일'이 **김대표 당신**인가요?

일을 왜 해야 하는가?

이 책에서 다룰 여러 사례를 살펴보면 개인마다 직업을 생각하는 깊이와 온도가 참 다르다는 것을 알 수 있다. 과거로 거슬러 올라가 보면 부모님 그리고 조부모님 세대에서 '일'은 먹고살기 위한 필수적인 생계수단이었다. 한 가정의 가장으로서 당연히 해야 할 일을 하는 것이었으므로 '왜 일을 해야 하는가'에 대한 질문이 거의 없었다. 물론 그분들 역시 때때로 회의감이 들거나 힘들었던 적은 있었을 것이다. '매슬로의 욕구 이론'에 비춰보면 이분들은 기본적인 생리적 의식주 그리고 안정감을 위해 일을 했던 세대다.

반면 1990년대생, 밀레니얼 세대에게 직업은 생계수단이면서 이를 뛰어넘는 그 이상의 의미를 가진다. 즉 일은 생계수단이지만 그것이 전부만은 아니라는 게 가장 큰 차이점이다. 약 3,000여 명의 취업준비생들을 대상으로 컨설팅을 하면서 확인해본 바에 따르면 이들이 일을 하는 가장 큰 이유로 꼽은 것은 '성장'이었다.

조직에서 참 좋아하는 단어 중의 하나가 '얼라인'(align)이다. 그런 점에서 밀레니얼 청년들도 개인과 조직이 함께 성장하는 것, 즉 일을 자

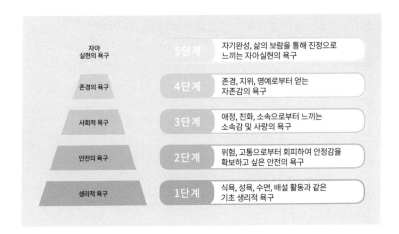

자아 실현의 욕구	5단계	자기완성, 삶의 보람을 통해 진정으로 느끼는 자아실현의 욕구
존경의 욕구	4단계	존경, 지위, 명예로부터 얻는 자존감의 욕구
사회적 욕구	3단계	애정, 친화, 소속으로부터 느끼는 소속감 및 사랑의 욕구
안전의 욕구	2단계	위험, 고통으로부터 회피하여 안정감을 확보하고 싶은 안전의 욕구
생리적 욕구	1단계	식욕, 성욕, 수면, 배설 활동과 같은 기초 생리적 욕구

아실현의 수단으로 생각하고 있다는 게 흥미롭다. 물론 조직과 개인의 관점에서 바라보는 기대치^(expectation)가 다르므로 격차는 발생하지만, 근본적인 관점은 별다른 차이가 없다.

안정적인 것은 기본이고 소속감을 넘어 성공과 명예 그리고 자아실현을 가장 중시하는 우리들이 '일'을 해야 하는 이유는 무엇일까? 잠시 하던 일을 멈추고 한번 돌아보자. 내가 '일'을 하는 이유는 무엇인가?

* 내가 '일'을 하는 이유는 무엇인가?

그럼 무엇을
해야 하나?

이렇듯 일의 정의는 개인이 처한 환경과 상황에 따라 각자 다르다. 이 장에서는 일의 의미를 3단계로 나누어 설명하고자 한다. 나의 일이 어느 단계에 속하는지 다음을 통해 살펴보자.

#첫째, 일은 나의 생존에 필수인 단계다.

성인에게 있어 일은 소수의 금수저를 제외하고는 '필수행위'이다. 성인이 됐고, 심지어 대학을 졸업했다면 본인의 밥벌이는 스스로 해야 한다, 결혼해서 가정을 꾸려야 한다는 등의 여러 가지 이유는 다 차치하고 '혼밥'을 먹기 위해서도 돈은 필요하다.

이 단계는 주로 구직을 앞둔 취업준비생 또는 안정된 일자리가 없는 비정규직 등이 해당한다. 경제도 어렵고 취업도 어렵다. 일은 생계수단으로서 필수행위인데 일자리가 부족하다. 자본주의 경제에 있어 일자리는 개인의 생존권이다. 적극적 취업의 의사가 있는 자에게 일이 공급되지 않는다면 이는 분명 사회적 문제이고 빨리 이를 해소해주는 것이 정부의 몫이다. 그런데 자세히 보면 우리나라 중소기업의 40% 이상은 구인난을 겪는다. 최저임금 이상의 월급은 줄 수 있는데 사람을 구할 수 없어 채용이 힘들다는 것이다. 월급을 준다는데 왜 중소기업을 꺼리는가? 심지어 스타트업은 훨씬 더 적은 월급에도 가고 싶어 하면서 스타트업이 더 커진 형태인 중소기업은 가기 싫어한다. 이는 곧 일이 생존수단 이상을 의미하기 때문이라고 봐야 한다.

#다음은 일의 의미가 아닌 일의 대가성을 목표로 하는 단계다.

일의 의미를 찾기보다 사회에서 요구하는 전문성과 경력을 바탕으로 더 높은 연봉과 직급 그리고 안정성을 찾는 경우가 이에 해당한다. 성실성을 바탕으로 자기계발만 해나갈 수 있다면 큰 걱정 없이 정년까지 일할 수 있는 단계다. 대부분의 정규직 직장인 그리고 능력을 지녔지만 회사에 종속될 수밖에 없는 소수의 고소득 비정규직이 이에 해당한다. 연차가 쌓이면 자연스럽게 숙련도가 올라가고, 대부분 이전보다 높은 보상과 지위가 주어진다. 더 나아진 보상 덕택에 조직 내외에서 자존감이 높아지고 이전보다 더 많은 소비와 투자를 통해 원하는 삶에 조금 더 다가갈 수 있다. 그러나 대체로 확고한 직업관이 형성되지 않았기 때문에 다양한 기회 요인에 흔들리거나 일하는 과정에서 과도한 스트레스를 느끼기도 한다.

최근 자본주의에 피로도를 느낀 미국의 젊은 엘리트 고소득 직장인 사이에서 파이어족이 유행이다. 하기 싫은 일은 하루라도 젊을 때 최대한 많이 해서 자산을 저축하고, 한시라도 빨리 경제적으로 독립 (Financially Independent Retire Early)하겠다는 것이 바로 FIRE, 파이어족이 다. 현재를 희생해서 바짝 벌고 미래에 진짜 원하는 삶을 살겠다는 거 다. 노후준비도 좋지만 결국 나의 오늘, 내 일에서 의미를 찾지 못한다 는 점에서 안타깝기도 하다.

#마지막은 일이 곧 나의 브랜드인 단계다.

내가 하는 일이 곧 나의 퍼스널 브랜드가 되는 단계다. 내가 하는 일 이 나에게 어떤 의미인지 이해하고 있고, 미래의 커리어 로드맵이 충분 히 그려진 상태다. 이 경우 소속된 회사의 도움 없이도 내 일을 상품으 로 전환하여 시장에 판매할 수 있는 충분한 잠재 경쟁력을 지닌다. 또 나의 강점과 부족한 부분을 알고 있으니 자기계발의 방향성도 명확하 며, 미래에 대한 스트레스도 덜 받고 덜 불안하다.

이 단계가 이전 단계와 다른 점은 종속된 조직 밖에서도 충분한 잠재기회와 협업의 포인트를 찾을 수 있다는 점이다. 직장을 다니면서 개인의 이름으로 저서를 완성하거나 유튜브를 통해 수익을 확보하는 경우, 또는 나의 직간접적 능력과 자본으로 사업을 구상하는 것 등이 이에 해당한다. 노력하다 보면 경제적으로 종속되지 않고도 내 노동 력의 수요를 찾아낼 수 있기에 비로소 정년을 넘어 평생직업이 가능 해진다.

사실 다음 단계가 이전 단계보다 더 낫다고 단정할 수는 없다. 누군가는 생계만 보장된다면 일 이외의 곳에서 충분한 의미를 찾을 수도 있고, 누군가에게는 조직 내 임원이 되는 것이 제일 중요할 수도 있다. 그러나 유한한 삶 속에서 상당히 많은 시간을 일해야만 하는 우리는 같은 시간을 투입했을 때 '최상의 성과'를 내야 한다. 일을 더 많이 열심히 하라는 것이 아니다. 나에게 맞는 일을 찾고 지향해야 한다는 거다.

개인이 일에 의미를 부여하고 몰입했을 때 그 창조물의 가치가 더욱 빛날 것이다. 또한 더욱 길어진 기대수명 속에서 우리가 일 걱정 없이 살 수 있는 길이기도 하다.

나에게 맞는 일은
어떻게 찾나?

나에게 맞는 일을 찾기 전, 아래 기사를 보자.

가문의 영광은 옛말…지난해 5급 행시 사무관 퇴사자 '0명→10명'

2012년 행정고시 일반행정직에 합격한 신재민 전 기획재정부 사무관은 2018년 12월 유튜브에 기재부 업무에 관련된 동영상을 올려 큰 주목을 받았다. ……… 그는 모교 온라인 커뮤니티 등을 통해 "공직생활에 적응하기 어렵다"며 "나는 스타 강사가 되겠다"고 밝혔고 2018년 7월 한 온라인 강의 업체와 강사 계약을 맺었다. 대중은 그가 올린 영상 내용뿐 아니라 명문대를 졸업해 과거 이른바 '가문의 영광'으로 불렸던 행정고시에 합격한 젊은 사무관이 공직을 떠나 학원 강사로 뛰어든 것에 큰 관심을 가졌다.

중앙부처 행정고시(5급) 및 외교관후보자 임용(5급)으로 입부한 뒤 10년 이내 자발적으로 퇴사하는 젊은 공무원들이 늘고 있다. 신씨처럼 공직생활에 실망하거나 더 나은 대우를 약속받고 다른 길을 선택하는 청년 사무관들이 늘고 있는 것이다.

– 2020.01.27. 세계일보 염유섭 기자

'고시'는 안정성과 높은 대우, 사회적인 인식 덕분에 지금까지 최고의 직업으로 여겨져 왔다. 그런데 최고의 난이도로 최소 2년 이상 공부해야만 합격할 수 있는 5급 행정고시에 합격한 사무관들의 퇴사가 늘고 있다는 소식이다. 7급이나 9급 공무원도 마찬가지다. 이유는 대부분 보수적이고 수직적인 업무문화가 자신과 맞지 않는다는 것이다. 애초에 자신의 성향을 분석해보았더라면 조금 다른 대안이 있지 않았을까?

이처럼 우리는 진짜로 원하는 것이 무엇이며 어떤 직업을 추구할 것인지 생각해보지 않은 덕분에 불필요한 시행착오를 겪곤 한다.

혼자서는 답을 찾기 힘든 이유

나를 찾아온 클라이언트들은 MBTI나 강점 찾기, 직업적성검사 등 다양한 검사를 받아봤지만 여전히 자신에게 맞는 직업이 무엇인지 찾기 어렵다고 호소한다. 나에게 맞는 일을 어떻게 알 수 있을까? 그리고 많은 검사들은 왜 정답을 주지 못할까?

이러한 물음에 대한 답은 스티브 잡스의 말을 인용하는 것으로 대신하고자 한다. 스티브 잡스에 따르면 미래에 있을 어떤 사소한 일도 결국 과거의 다양한 경험의 연결(connected dot)이다. 즉, 과거의 내 경험과 행동들을 오롯이 재조명해보고 의미를 부여하다 보면 그러한 경험들이 서로 유기적으로 연결되고 결합하여 미래의 의사결정에 유의미한 시사점을 찾을 수 있다는 것이다.

객관식 문항 기반의 검사들은 각자의 경험을 바탕으로 한다. 하지만 그 경험을 분류하는 수준은 결국 자기 자신이라는 한계를 넘지 못한다. 즉 자신에 대한 이해도가 매우 낮은 수준에서 그러한 경험을 깊이 해석하거나 음미하지 못하기 때문에 올바른 답을 주기 어려운 것이다. 따라서 고도의 훈련과 임상을 거친 전문가가 그 결과지를 바탕으로 해석의 깊이를 더해주어야만 한다.

나에게 맞는 일, 어떻게 찾을까?

나에게 맞는 일은 전문가와의 상호작용을 통해 더 구체화되고 예리해지고 정확해진다. 자신의 삶을 객관적으로 분석하기란 참 어렵다. 전문가들은 먼저 개인의 고유 핵심 직업 가치를 발견한다. 이 과정에서 일과 생산적 활동에 관련한 다양한 과거 경험을 펼쳐보고 재조명해보면서 당시의 의사결정과 느낌 등을 음미한다. 이 과정은 '그 일을 할 수 있는가'라는 질문이 아니라 '어떤 일을 해야 할까'라는 질문에 대한 답을 찾는 과정이므로 개인의 능력요소는 판단하지 않는 것이 핵심이다.

현재 국내 중견기업의 영업기획 담당자로 재직하다가 일에서 동기를 느끼지 못해 나와 상담한 뒤 다국적기업 HR 담당자로 이직한 한 클라이언트는 이렇게 당시를 회상한다.

"늘 흔들리지 않는 가치관을 갖고 싶었는데 막연하고 정리되지 않은 생각만 가지고 있었어요. 오늘 인생의 가치체계에 대한 설명과 함께 제가 희망하는 삶을 생각해서 정리해보니 삶의 열정이 없다고 생각했던 저도 원하는 인생이 있었고 구체화시킬 수 있다는 희망이 보였죠. 상위 가치에 대한 장기적인 목표를 더 고심하고 완성해서 자신감의 근원으로 만들 거예요. 부족한 자신감 때문에 목표도 높게 잡지 못한 채 현재에 만족하며 살자고 외면했었는데, 수업을 받다 보니 스스로에게 '할 수 있다'고 되뇌며 목표한 바를 이루어낼 거라고 다짐하게 되네요. 그리고 한 단계 한 단계 목표를 실행해나가는 그 과정에 충만함을 느낄 수 있었습니다."

직업 핵심 가치를 도출하고 나면 나만의 기준이 생긴다. 매일의 행동에도 의지와 의도가 생긴다. 이후 단계는 심상화(visualization) 과정을 통해 조금 더 구체적으로 원하는 일의 형태를 설계해보는 것이다. 아래와 같이 적어보면서 관련 사진을 찾아보는 활동을 통해 구체화해나간다. 이때 주의사항은 가능성을 염두에 두지 말고 적으라는 것이다.

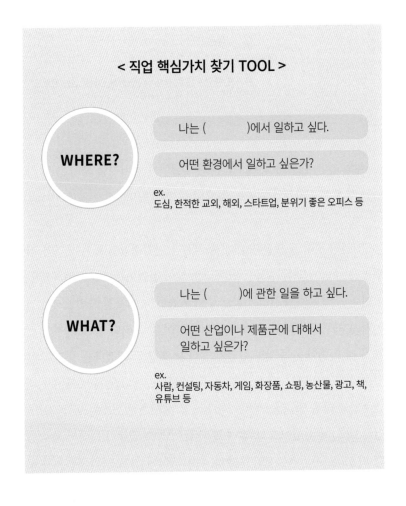

< 직업 핵심가치 찾기 TOOL >

WHERE?

나는 (　　　)에서 일하고 싶다.

어떤 환경에서 일하고 싶은가?

ex.
도심, 한적한 교외, 해외, 스타트업, 분위기 좋은 오피스 등

WHAT?

나는 (　　　)에 관한 일을 하고 싶다.

어떤 산업이나 제품군에 대해서
일하고 싶은가?

ex.
사람, 컨설팅, 자동차, 게임, 화장품, 쇼핑, 농산물, 광고, 책,
유튜브 등

WORK WITH WHO(M)?

나는 (   )과 일하고 싶다.

어떤 동료들과 일하고 싶은가? 혼자 하고 싶은가 혹은 어떤 고객을 위해 일하고 싶은가?

ex.
혼자, 친구 같은 동료, 경험이 많은 선배, 전문성 있는 동료, 내가 꾸린 팀, 내가 뽑은 사람들

위와 같은 활동을 통해 11년간 근무했던 공공기관을 퇴사한 뒤 창업을 결정한 스타트업 대표는 아래와 같이 말한다.

"11년의 공기업 생활은 내게 무기력만 안겨주었어요. 누군가가 정해놓은 규칙에 맞춰야 하는 반복되는 삶이 싫었어요. 5일을 버티고 맞이하는 주말도 재충전의 시간으로는 부족했죠. 퇴사를 고민했지만 현실적 문제로 답보되면서 여러 해가 지났어요. 그러다 몸에도 이상 신호가 왔고 번아웃 증상도 있었기에 더 미루면 안 되겠다는 생각이 들었습니다. 그러면서 이 상담을 받게 되었는데, 내 고민을 명확하게 꺼내주었고 다음 발판을 매우 이론적으로 제시해주었어요. 생각해보면 답은 내 안에 있었어요. 그걸 충분히 끌어낼 수 있는 방법론이 부족했던 거죠. 누구나 현실적인 문제와 이상 사이에서 고민하는데, 혼자 고

민이 풀리지 않을 때는 도움을 줄 수 있는 누군가를 만나 소통해야 한다는 생각이 들었어요. 그러면 몇 년간 계속됐던 고민이 금방 사라지기도 하더라고요.”

이렇듯 깨달음에 눈을 뜨고 난 뒤 다음 단계는 그 일을 현실로 만드는 것이다. 그 일을 지금 현시점에서 할 수 있는지, 그러한 역량과 환경이 갖추어져 있는지 구체적으로 파악해보는 단계다. 이 과정은 각 개인의 의사결정 스타일, 경력과 역량, 일하는 방법 및 사회환경 등을 종합적으로 검토하면서 개인화한다.

이 과정까지 거치면 아래 두 가지가 명확해진다. 즉 내가 어떤 일을 해야 하는지, 그 일을 하기 위해 무엇을 해야 하는지가 정립된다.

첫째, 내 핵심 직업 가치(직업관)와 소명이 담긴 직업상 형성.
둘째, 그러한 직업상을 현실로 실현해낼 수 있는 계획과 목표.

우리는 돈부터 자아실현까지 다양한 가치관이 혼합된 환경에 놓여 있다. 꼭 높은 이상과 꿈을 가져야 하는 것은 아니다. 그러나 조금 더 행복하고 조금 더 바로 서기 위해서는 한 번쯤 내가 가는 방향을 점검해봐야 한다. 그래서 끌려다니는 직업인이 아닌, 내가 나를 주도하는 직업인이 되어야 한다.

누군가는 지금의 안정된 자리를 박차고 나오지만 다른 누군가는 안정된 그 자리에 들어가고 싶어 몇 년을 준비한다. 반면에 아무 생각이 없는 사람도 있다. 그 어느 쪽이 됐든 지금의 직업환경은 녹록지 않다. 경제성장도 더는 희망이 되지 못하고, 월급으로는 우리가 원하는 삶을 살기 어렵다. 동시에 개인의 행복과 자율이 그 무엇보다 우선시되고 있는 현 시점에서 나와 맞지 않는 일을 하기에는 우리의 인내심이 그리 깊지 않다.

이제 결정해야 한다. 어떤 일을 선택하든 조금 더 나에게 맞는 일, 조금 더 나은 일을 찾을 결정 말이다.

Part 2

4차 산업혁명에서
내 일자리 지키기

4차 산업혁명에서
내 일자리 지키기

디지털 문해력(digital literacy) 갖추기

책과 신문, 잡지 등의 매체가 보편화되고 사무업무가 생산의 주요한 역할을 수행하기 시작하면서 읽고 쓰는 문해력은 가장 중요하면서도 기초적인 능력이 되었다. 4차 산업혁명 시대에는 새로운 역량이 필요하다. 바로 디지털 문해력이다. 미국 코넬 대학교에 따르면 디지털 문해력의 정의는 다음과 같다.

"정보기술과 인터넷을 활용해 내용을 찾고, 평가하고, 이용하고, 공유하고, 창조하는 능력."(the ability to find, evaluate, utilize, share, and create content using information technologies and the Internet.)

알리바바의 마윈 회장은 2015년부터 지속적으로 각종 공식석상에서 "세상은 지금 IT(정보기술) 시대에서 DT(데이터 기술) 시대로 가고 있다"라고 말했다.

그렇다. 우리는 이미 일상에서 IT를 활용한 다양한 생산/소비를 하고 있지만, 이제는 단순 IT 활용을 넘어 데이터를 재해석하고 재조명하며 생산하고 창조/활용하는 능력이 필요하다. 그럼 디지털 문해력은 어떻게 갖출 수 있을까? 그 시작은 4차 산업혁명의 꽃, 빅데이터에 대한 이해부터다.

빅데이터 이해하기

4차 산업혁명의 핵심은 3차 산업혁명에서 쌓인 무한에 가까운 데이터를 정리하고 정제하여 행간의 인사이트와 의사결정의 예리함을 더하는 데 있다. 따라서 '빅데이터'를 이해하면 4차 산업혁명의 대부분을 이해할 수 있다.

인터넷이 발달하면서 셀 수 없을 만큼 많은 양의 정보가 생성되었다. 소멸되는 것도 있지만 어마어마한 데이터가 생성되니 산재된 데이터를 수집하는 것은 어렵지 않다. 그러나 유의미한 빅데이터가 되려면 먼저 나 또는 한 조직이 필요로 하는 데이터만 잘 정리하고 모아야 한다. 이렇게 특정한 의도와 목적에 따라 정제하고 적재하는 기술이 바로 빅데이터 기술의 시작이다. 데이터 적재 방식으로 많이 선호되는 것은 Hive, My SQL이 있다. 주로 꼼꼼하고 체계적인 사람에게 잘 맞는 업무다. 그 이후는 분석하고 결과를 도출하는 과정이다. 적재된 빅데이터에서 유용한 정보와 의미 있는 지식을 찾아내기 위한 가공 및 분석 과정이 이에 해당한다. 사전에 정확한 가정이 정립되었다면 이 과정을 통해 정확한 목적을 가진 완성된 데이터가 생성되고 보여진다.

프로그래밍 언어, 코딩 이해하기

빅데이터를 모으고 분석하기 위해서는 다양한 프로그래밍이 필요하다. 우리가 흔히 접했던 엑셀도 프로그래밍의 일부다. 실제로 엑셀 내의 다양한 함수를 활용하여 빅데이터를 분석하고 가공하기도 한다. 어렵게 생각하지 말아야 한다. 그러나 원하는 결과값을 도출하기 위해서는 엑셀보다 더 정교하게 명령하고 결과값을 도출할 수 있는 프로그래밍 언어를 습득해야 한다.

프로그래밍이란 컴퓨터가 우리가 원하는 목적을 수행할 수 있도록 명령하는 과정을 말한다. 우리가 쓰고 있는 컴퓨터 상의 프로그램과 스마트폰의 어플리케이션은 대부분 그런 프로그래밍 과정을 거쳤기에 우리가 의도하는 목적을 수행할 수 있다.

프로그래밍에 쓰이는 대표적 언어가 그 유명한 파이썬, 자바, C, C++이다. 특히 SQL, 파이썬, R은 배우기 쉽고 사용하기 쉽기 때문에

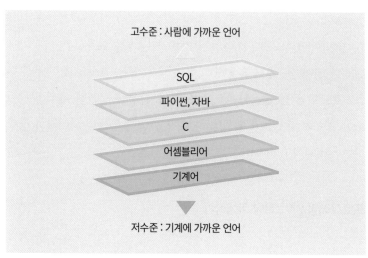

고수준 : 사람에 가까운 언어

SQL

파이썬, 자바

C

어셈블리어

기계어

저수준 : 기계에 가까운 언어

▲ 박연오의 파이썬 프로그래밍 입문서 (가제) 내용 발췌

현재 여러 대학의 필수 교양과목으로 자리잡고 있다.

머신러닝과 AI

머신러닝은 시스템이 데이터를 통해 학습할 수 있게 하는 AI의 한 형태다. 빅데이터의 가공과 분석이 가능해짐에 따라 그러한 과정의 값을 컴퓨터가 스스로 할 수 있게 학습하는 과정을 의미한다. 하루가 다르게 쌓이는 정보를 사용자가 일일이 프로그래밍하지 않더라도 원하는 목적과 결과를 계속 창조해 나갈 수 있도록 하는 기술이다.

그래서 나는 뭘 해야 할까?

워드나 파워포인트, 엑셀이 회사생활의 기본언어가 된 것과 마찬가지로 어느 직종이나 앞으로 빅데이터와 AI의 활용능력은 기본이 될 것이다. 따라서 디지털 문해력을 갖추는 것은 필수다. 다행히 대부분의 디지털 문해력은 현재의 통계 및 데이터 활용능력을 통해 갖추어지고 있다. 보이지 않던 해답이 빅데이터를 통해 구체화되고, 어렵기만 했던 고객의 구매 패턴이 이전 자료를 시계열적으로 나열하면 보이기 시작한다. 즉 지금 하고 있는 내 일, 내 전공에서 조금 더 데이터를 활용하기 시작하면 그것이 곧 내일의 창조의 시발점이 된다.

이제 문해력을 기르기 위한 좀 더 구체적인 계획을 찾아보자.

1) 디지털 문해력, 증명하고 실력으로 보여주는 것이 힘이다.

현재와 같이 아직 그 활용이 진입시점에 있고 탁월한 전문가가 존재하지 않는 시장에서는 관련 업무에 대한 전문성을 검증할 수 있는 자격증, 실무경험 등을 갖추는 것이 매우 중요하다. 입문자라면 아래 소개하는 입문 자격증 가운데 하나를 선택해서 공부할 것을 추천한다. 현재 다양한 프로그래밍 교육이 존재하지만, 자격시험을 목표로 한다면 내가 가진 역량을 조금 더 객관화하는 데 기여할 수 있을 것이다. 인문계열 종사자와 예비 구직자에게는 채용과정에서 상당한 경쟁우위를, 이공계열 종사자에게는 강력한 차별화 요소가 될 것이다.

2) 자격증 준비편 – 국가공인 자격증

(1) 데이터분석 준전문가 등 한국데이터산업진흥원 주관 국가공인 자격

데이터분석 준전문가(ADsP : Advanced Data Analytics Semi-Professional)란 데이터 이해에 대한 기본지식을 바탕으로 데이터분석 기획 및 데이터분석 등의 직무를 수행하는 실무자를 말한다. 국가기관인 한국데이터산업진흥원에서 주관하는 국가공인 시험으로 데이터기획과 분석능력을 함양할 수 있다. 데이터분석 준전문가 자격시험은 실기시험 없이 필기시험인 PBT(Paper Based Test) 방식으로 자격을 검정한다. 이외에도 난이도에 따라 국가기술 빅데이터 분석기사, 데이터아키텍처 전문가, SQL 전문가 등 국가공인 자격증이 있다. 상세한 내용은 한국데이터산업진흥원 홈페이지에서 '데이터 자격' 코너를 찾아보면 된다.

(2) 사회조사분석사

한국산업인력공단에서 시행하는 경영 분야 자격증으로 정보화사회와 빅데이터 시대를 맞아 다양한 사회정보의 수집·분석·활용에 전문성을 더할 수 있어 각광받고 있다.

SPSS를 활용한 조사분석과 통계적 기법을 다루고 있다. 구체적으로는 설문조사 기획, 개발 및 통계기법 활용분석 능력을 함양할 수 있다.

각종연구소, 연구기관, 국회, 정당, 통계청, 행정부, 지방자치단체, 용

역회사, 기업체, 사회단체 등의 조사 담당 부서 특히, 지방자치단체의 수요가 클 것으로 전망된다. 또한 빅데이터분석학 전공자로서는 공공 및 민간부문의 거의 모든 기관에서 각종 대용량 정보(빅데이터)의 분석 및 예측업무에 종사하며, 최근 이 분야 전공자에 대한 수요가 급증하고 있어 사회조사분석사의 진로는 폭넓게 이루어질 수 있을 것이다.

- 참고 : 위키백과

이외에도 4차 산업혁명 관련 유망 국가공인 자격증으로 3D프린터 운용기능사 및 로봇소프트웨어개발기사가 있다.

3) 자격증 준비편 – 민간 자격증

(1) COS(코딩활용능력평가, Coding Specialist)

㈜와이비엠넷에서 발행하는 IT자격증으로 1급부터 3급까지 난이도에 따라 자격증이 나뉘어진다. ㈜와이비엠넷은 MOS(Microsoft Office Specialist)의 주관사로도 유명하다.

(2) 경영빅데이터분석사

빅데이터 분석 기획/시각화와 이를 통한 과학적 의사결정 전문가를 양성하는 과정으로 한국경제신문, 씨에스랩㈜가 공동 발급하는 민간자격증이다.

(3) SW테스트전문가(CSTS) – 일반등급

소프트웨어 테스트에 대한 기술이론 지식을 갖추고 테스트 계획, 설계, 실행, 종료 등 테스트 프로세스를 이해하며 테스트 케이스를 설계할 수 있는 능력의 유무를 평가한다. 한국정보통신기술협회 산하 소프트웨어시험인증연구소에서 주관하는 공인민간자격증(일반등급 기준)이다.

노동은
가장 좋은 것이기도 하고 가장 나쁜 것이기도 하다.
자유로운 노동이라면 최선의 것이고,
노예적인 노동이라면 최악의 것이다.

– 알랭(Alain, 1868~1951)

제3장
5대 인생직업
가이드

사람들은 흔히 '일'과 '직업'을 혼동한다. 일은 직업보다 상위개념이며
근본적 개념에 가깝다. 특히 최근과 같이 많은 직업이 사라지고
새로 생겨날 때는 직업이 아니라 내가 가진 자원/능력을 어떠한 '활동'(activity)으로
최대의 레버리지를 누리면서 수익화할 것인지에 초점을 맞춰야 한다.
그러나 개인에게 맞는 일은 너무 다양하고 범주화하기가 어렵다.
3장에서는 직업의 형태를 5개로 나누었다.
그리고 100여 명이 넘는 직업인들의 인터뷰를 통해
현장의 목소리를 생생히 담았다. 그 인터뷰를 바탕으로
각 직업의 강약점과 필요능력 등을 가감 없이 전하고자 한다.
자, 준비됐는가?

Part 1

인생직업 01
직장인

직장인
이야기

20대부터 40대까지 직장인 100여 명을 대상으로 진솔하게 인터뷰를 진행했다. 다음 이야기를 통해 강점과 약점을 살펴보자.

> * 직장인의 범주 정의: 일반 사기업(국내 대기업/중견기업/중소기업/스타트업), 외국계 기업, 공공기관/공기업, 공무원

강점

대기업 일잘러 A: 사업은 아무나 하는 게 아니다. 지금 당장 할 수 있는 기반도 안 되고, 무엇을 해야 할지도 모르기 때문이다. 할 게 없으면 일단 직장생활부터 해보는 것도 좋다. 이왕이면 자신의 커리어를 잘 이어갈 수 있는 직무나 기업에 입사를 하는 게 좋다. 직장생활을 하면서 나는 많은 것을 배웠고, 실력이 향상됐다는 자신감을 가지게 됐다.

직장생활은 모든 것의 기초라고 생각한다. 사람과의 관계, 일하는 방식, 비즈니스가 성사되는 과정, 고객 관리 등…. 우리나라에서는 또 어느 기업 출신인가 하는 것도 중요하다. 따라서 일단은 취업 준비를 잘하는 게 좋을 것 같다. 나중에 안 맞으면 퇴사하더라도…. 사실 대학을 졸업하고 나면 소수의 몇 명을 빼고는 딱히 대안이 없지 않은가.

일단 취업을 하면 돈을 벌면서 뭐라도 배울 수 있으니 가장 현실적인 방안이라 생각한다. 그리고 기업 내에서 일 잘한다고 인정받은 사람은 나중에 무엇을 하더라도 다 잘할 것이라 믿는다.

공기업 B 대리: 직장인의 장점은 안정성이다. 퇴사할 생각은 전혀 없다. 코로나19로 무급 휴직이나 권고사직 등의 불안한 이야기들이 나오고 있지만, 자영업을 하거나 소규모 사업체를 운영하는 주변 지인들을 보면 직장인들보다 몇 배는 더 힘든 것 같다. 하지만 나는 탄탄한 재무 구조를 가진 공기업의 정규직이라 그런지 어려움이 없다. 또 주 52시간제가 도입되어서 야근도 많이 없고 다니기 좋다.

외국계 기업 C 사원: 조직의 시스템을 배울 수 있어 좋고, 매달 고정급여가 꽂히니 안정감이 든다.

대기업 D 팀장: 내가 버는 연봉만큼 신용이 쌓이고 대출이 잘 나온다.

스타트업 E 책임: 사회생활에서 오는 일상의 생동감이랄까? 아무것도 하지 않으면 무기력하지 않은가.

국내기업 F 차장: 정해진 일상으로 계획적인 생활을 하고, 그만큼 열심히 살았기 때문에 달콤한 휴식의 소중함을 알 수 있다.

마케팅팀 매니저: 회사 내에서는 개인이 접하기 어려운 규모의 사업 단위까지 다양한 시도와 모험을 해볼 수 있다.

기획팀 사원: 솔직히 많은 것을 배운다. 학교는 내가 돈을 주고 배우는 곳이지만 회사는 내가 돈을 받으면서 많이 배울 수 있고 그만큼 성장하게 해준다.

정보기술팀 주임: 그동안 일관되게 공부했던 지식과 기술을 비로소 조직 내에서 발휘할 수 있으니 쓸모 있는 사람이라는 생각과 자신감이 생긴다.

디자인팀 책임: 내가 기획하고 작업한 상품이 국내 대중들에게 가시화될 때 너무 기쁘다. 물론 내 것은 아니지만 적어도 그걸 내가 만들었다는 자부심은 있다.

약점

대기업 A 사원: 처음 대기업에 입사했을 때 부모님을 비롯한 주변 지인들이 많이 축하해주고 자랑스러워해줘서 참 기뻤다. 그런데 1~2년이 지나고 나니 이게 뭔가 싶다. 허탈하고, 무엇을 위해서 그동안 이렇게 노력했나 싶을 정도다. 입사했다고 끝은 아닌 것 같다. 근본적으로는 언제까지 직장생활을 해야 하는지 혹은 할 수 있는지 불안하다.

공기업 B 대리: 직장인은 하고 싶어서 하는 게 아니라 대안이 없어서 하는 것 아닐까? 솔직히 누가 행복한 마음으로 직장을 다닐까 싶다. 더 자고 싶을 때도 출근해야 하고, 출근해서도 상사 눈치를 많이 봐야 한다. 그래도 돈을 벌어야 하니까 다닌다. 그나마 안정적이고, 휴가 때나 주말에 쉬면서 다시 재충전할 수 있으니 다행이다. 더 좋은 대안이 있으면 다른 일을 해도 되는데, 대안이 없어서 다닌다.

공무원 C: 한 조직의 부품이라는 생각이 계속 든다. 솔직히 쳇바퀴처럼 돌아가는 직장, 나 하나쯤 없어도 잘 돌아가리라고 느낀다. 처음에는 새로운 조직에서 일을 하다 보니 재미가 있었는데 점점 동기부여가 떨어지고 재미가 없어진다.

중소기업 D 대리: 작은 기업은 체계도 없고 시간 외 일이 너무 많다. 대표님 눈치도 너무 많이 봐야 한다.

대기업 E 차장: 한국의 수직적인 위계질서에 박힌 생활을 하루 8시간씩 매일 반복하다 보면 나의 개인 생활에도 부정적인 영향을 미치는 것 같다.

국내기업 F 과장: 불필요한 감정 노동, 사내 정치 정말 하기 싫다. 그런데 직급과 직책이 올라가면 갈수록 이러한 관계가 더 필요하다는 생각이 든다. 아무리 월급에 감정 노동의 대가가 포함된다고 하지만 힘들다.

마케팅팀 G 사원: 정해진 일상을 반복하다 보면 창의력이 저하되는 느낌이 든다. 누굴 위한 기획을 하는 것인지 가끔 회의감이 든다.

기획팀 I 책임: 더 많이 노력해도 똑같은 직급이 부여되거나 같은 급

여를 받는 경우가 대부분이다. 별로 열심히 할 필요가 없다는 생각이
든다.

디자인팀 J 사원: 다양한 사람이 사는 사회다 보니 어쩔 수 없이 차
별이 있는 것 같다. 그냥 수용하고 넘어가는 것일 뿐.

인터뷰 후 느낀 점

대다수 직장인은 '소속감', '안정감'이라는 두 가지 키워드를 '직장'
의 강점이라고 꼽았다. 사회적 동물인 인간의 본능인 것 같다. 함께하
는 울타리의 소중함 그리고 그 안에서 느끼는 본질적인 성취감.

인간으로 태어나서 가정과 학교 등 연령대에 맞춰 언제나 '소속'이
있었던 우리에게는 어찌 보면 자연스럽다고 느껴지는 부분인 것 같다.
학교의 제일 마지막 단계인 대학교/대학원 등을 마친 뒤 할 수 있는 일
이 직업을 포함하여 나의 조직을 찾는 것이 아닐까 싶다.

반면 '불필요함', '불안함'이라는 두 가지 키워드가 직장의 약점이라
고 보인다. 아이러니하게도 안정감을 강점으로 꼽았는데 불안함을 약
점으로 선택하고, 소속감을 강점으로 뽑았는데 불필요함을 약점으로
선택한 것이 특징이다. 예를 들어 직장이 아니라면 준수하지 않아도
될 근로 규칙이나 감정 노동, 정치 생활은 참 불필요하다고 느낀다. 이
와 동시에 이 조직에 얼마나 다닐 수 있을까 하는 의구심 혹은 평생 다
니기는 어렵다는 사실은 다소 불안한 감정을 안겨준다. 이런 애증과 같

은 감정 때문에 직장인들은 쉽게 떠나지 못하는 것 같다.

이는 결국 완벽한 정답이 있는가 하는 본질적인 질문을 던지게 한다. 또 한편 어떤 조직에 입사해서 직장인의 삶을 시작한다고 해서 답이 찾아지는 것도 아니라는 것을 보여준다.

나는 신입부터 경력 이직 지원자에 이르기까지 수없이 많은 직장인들을 대상으로 컨설팅을 진행한다. 1:1로 진행하는 만큼 스펙트럼도 그만큼 다양하기 때문에 최상의 솔루션 역시 각각 다르다. 하지만 근본적인 질문은 결국 하나다. 이들은 왜 현재의 회사에 다니고 싶어 하지 않는가. 나 역시 8년 동안 대기업을 다니며 같은 고민을 했었다.

이들은 (나 역시!) "좋은 직장이란 어떤 의미일까? 정말 다니고 싶은 회사가 존재는 하는 것일까?"와 같은 질문들을 수도 없이 던지고 고민하고 각자의 삶에 맞는 정의를 찾는다.

당신이 직장을 다니는 이유는 무엇인가? 좋은 직장이란 당신에게 어떠한 의미인가? 높은 연봉? 명예? 기업의 네임밸류? 안정성? 소속감? 일과 삶의 균형?

다음 메모장에 생각나는 것을 하나씩 쭉 적어보자.

누가
잘할까?

국내 최상위 대학교 미대를 졸업한 후, 무작정 좋은 기업의 전략기획팀에 취업하고 싶다는 한 학생이 있었다.

"어렸을 때부터 미술을 잘했어요. 상도 많이 받았고. 그래서 미대에 들어갔죠. 가서 전시도 하고, 미술관 큐레이팅도 많이 했고요. 교수님 전시회도 많이 같이 했어요. 하다 보니까 시간이 금방 흘러서 취업할 때가 됐네요. 이쪽 산업은 아시다시피 많이 열악해요. 일단은 저도 그렇고 부모님도 대기업이나 공기업 취업하라고 하세요. 이왕이면 전략기획팀으로 가야 많이 배울 수 있다고 하더라고요. 영업 이런 건 싫고요. 미술 쪽 인턴, 큐레이터 경험 잘 살리면 그래도 괜찮은 곳 갈 수 있지 않을까요?"

직장인은 곧 경영인이다. 경영의 일부지만 엄연히 경영활동에 책임과 의무를 지니고 있기에 그렇게 생각해야 한다. 그런데 우리는 직장인의 의미를 잘못 해석하는 경우가 많다. 그냥 '나'라는 사람이 정해진 시간 동안 자리에 앉아 노동력을 제공하면 그만한 월급을 준다는 '등가교환'의 관계로만 생각하기 쉽다. 그러나 직장은 '성과'를 내야 하는 곳이다. 성과에 대해서는 다양한 해석이 있겠지만, '재무적 성과' 즉 돈을 벌어다 주는 것이 가장 확실한 지표라고 할 수 있다.

위 학생과 같은 클라이언트가 참 많다. '열심히 대학생활을 했지만 비즈니스 관련 활동과 지식을 쌓은 건 없고, 흥미도 없다. 그럼에도 일단 좋은 기업에는 취업하고 싶다.' 이런 분들의 취업 가능성은, 당연한 얘기지만 별로 높지 않다.

#단도직입적으로 물어보자. 어떤 사람이 직장인으로 잘할까?

충분히 행복감을 느끼면서 직장생활을 하고 있고, 주재원으로 선정되거나 조기 승진자로 발탁되는 등 회사에서도 충분히 인정받는 사람들을 만나 이야기를 들어보고, 그들의 공통점을 종합해보았다.

첫째, 현실적이고 이성적이다.

이들은 대체로 이상을 좇기보다 현실 중심의 성향을 가지고 있고, 현실적 판단에 강하다. 자신이 하고 있는 일의 의미나 사명감 또는 일을 통한 자아실현 가능성보다 하루하루 주어진 일을 처리해나가고 그에 대해 지급되는 대가(고용보장, 임금, 복리후생 및 인정, 승진 등)를 받는 상호

교환 관계에 더 큰 가치를 느꼈다. 따라서 내가 왜 이 일을 하고 있는지, 이 일이 나에게 맞는지 등의 고차원적 고민에는 비교적 관심이 적었다. 그런 점이 누군가에게 종속되어 근로를 제공하는 근로자로서 근면·성실과 충실함 등의 강점으로 발현된다.

둘째, 매일의 루틴에 강하다.

똑같은 일상에서 자신을 동기부여하며 정해진 시간에 출근하는 일상의 반복은 최근처럼 노동의 가치가 하락하는 시대에는 매우 중요한 덕목이 아닐 수 없다. 특히 9시에 출근하고 6시에 퇴근하는 주 5일, 40시간 정규직의 경우 출퇴근 시간을 포함하면 하루 대부분을 직장을 위해 보낸다. 반대로 직장생활이 맞지 않다고 느끼고 퇴사하는 사람들은 대부분 매일의 일상의 반복이 매우 힘들었다고 말한다.

셋째, 직장생활의 스트레스를 해소할 만한 취미나 관심사가 있다.

직장인은 자신이 만든 결과물이 타인의 개입으로 변형되기도 한다. 이럴 때 받는 스트레스를 소소한 일상에서 잘 풀어나가는 경우 안정적인 직장생활에 도움이 됐다. 특히 공과 사를 잘 구분해서 회사 내에서는 직장인으로 충실히 근로를 제공하고, 퇴근 이후나 주말을 활용하여 자신이 좋아하거나 의미를 가질 수 있는 다양한 활동을 하며 자기효능감을 유지했다. 주로 산책, 운동, 책 읽기, 지인 만나기, 영화 보기 등 소소한 활동들이었다.

넷째, 적당한 욕심을 직장 내에서 잘 추구해나간다.

세상을 바꾸고 싶다거나 사회 변혁을 이루고 싶다거나 하는 거창한 목표와 이상보다는 회사 내에서 인정받고 대우받으며 성장하겠다는 내적 동기가 강했다. 직장생활을 잘하는 사람들은 일 욕심도 있고, 조직 내에서도 전략적인 인간관계를 통해 내집단에 소속된다. 그렇게 승진을 하거나 인정을 받으면서 의미감과 성취욕을 충분히 채워나간다.

반대로 직장을 그만두는 사람들은 회사 내에서 개인의 성취와 만족을 추구하기 힘들었다고 말한다. 회사에서 주어지는 일을 나의 일로 받아들이지 않고, 회사 일을 처리하는 도구로서만 자신의 의미를 해석하는 경우다.

다섯째, 일머리가 있다.

일머리는 자신이 맡은 일의 경영자로서 가장 빠르게, 가장 많은 성과를 내는 능력을 말한다. 그렇다면 여기서 말하는 '성과'란 무엇인가. 경영 성과를 측정하는 다양한 도구가 있지만, 개념적 이해를 위해 가장 범용적으로 활용되는 것이 균형성과표(BSC)다.

균형성과표(Balanced Score Card, BSC)는 조직의 목표와 전략을 효율적으로 실행하고 관리하기 위한 일종의 경영관리 기법이다. BSC의 목적은 고객·내부 프로세스·재무·학습 및 성장 등 네 가지 관점의 균형적 결합을 통해 성과관리를 추구하는 것이다.

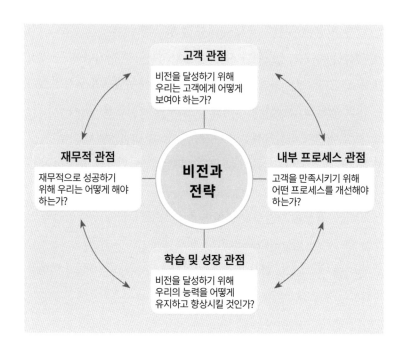

자신이 맡은 일도 이 기법에 따라 네 가지 측면에서 생각해볼 수 있다. 재무적으로 어떤 도움이 되는지, 고객에게는 어떠한 만족을 줄 수 있는지, 내부의 효율성 향상에 이바지하고 있는지, 마지막으로 미래의 변화에 대처하기 위해 충분한 학습과 지속성장을 이어나갈 수 있는지 점검해보면 된다.

결국 일을 잘한다는 것은 맡은 바 업무를 잘 해내는 것뿐 아니라 그 일이 궁극적으로 '재무적 성과'에 기여해야 하며 동시에 '고객' 만족도 이끌어야 한다고 해석할 수 있다. 또한 '학습 및 성장' 관점에 따라 지속적 자기계발^(학습)과 구성원의 성장을 같이 이끄는 리더십도 있어야 한다.

조금 더 구체적인 상황에 대한 예시를 들어보자. 내가 직접 체감한 '일 잘하는 노하우'는 다음과 같다.

#hard skill(똑똑한 의도와 구체적 행동)

말 그대로 일머리다. 일머리는 다음과 같이 정리될 수 있다.

첫째, 사원이라면 대리처럼, 대리라면 과장처럼 일한다.

회사는 솔로 플레이가 아니다. 내 일을 둘러싸고 있는 역학관계도 알아야 하고 타이밍에 맞춘 업무는 필수다. 일을 잘하는 방법은 현재 내 직급보다 하나 위의 직급처럼 일하는 거다. 사원이면 대리처럼, 대리면 과장처럼. 그러면 내가 해야 하는 일 외에 추가로 해야 할 것들이 보이고, 그걸 해나가다 보면 일 잘한다는 소리를 듣는다.

둘째, 속한 회사에 대해 수치적으로 '빠삭'해지자.

내 일뿐만 아니고 회사 전체의 재무적 목표와 구체적 현황 등에 대해서도 알고 있어야 한다. 보고서를 작성할 때도 내가 맡은 해당 업무에만 몰두하지 말고, 그 일의 목적과 회사의 방향성 그리고 상사의 지시사항에 대해 한 번 더 생각해보고 구체적 수치에 기반을 둬 설득하면 보고서 작성이 쉽다. 물론 이 과정에서 모든 것을 알 수는 없다. 따라서 모르는 부분은 즉각 질문하고 찾아서 확인하는 것이 좋다. 일 잘하는 사람은 대부분 배움에 적극적임을 기억하자.

셋째, 다양한 툴을 익혀놓자.

'실무자'라면 일이 어려운 경우는 거의 없다. 이미 위에서 방향성이 정해져 내려오기 때문에 얼마나 빠르고 정확하게 일을 해내는지가 더 중요하다. 생산성을 높이기 위해서는 다양한 툴을 익혀두어야 한다. 워드, 파워포인트, 엑셀은 기본이고, 에버노트나 X-Mind 등 생산성 관련 툴을 쓰면 훨씬 더 효율적으로 일할 수 있다.

넷째, 사소한 업무란 없다. 기본부터 잘하자.

업무에서 '디테일하다'는 것은 꼼꼼하다는 것 이상을 의미한다. 조직 내에서는 사소한 업무란 없다. 특히 선배들은 전화를 받거나, 팩스를 발송하거나, 복사하는 신입사원들의 단순 업무 태도를 보고도 일을 잘하는지 못하는지 파악할 수 있다. 또 상대방의 이메일 내용만 봐도 그 사람의 업무 내공을 파악할 수 있다. 따라서 문서를 쓸 때는 맥락과 요점을 잘 연결해서 작성해야 하고, 이메일을 쓸 때도 목적과 내용, 일정과 디테일한 인사말까지 넣어야 한다.

#소프트 스킬(관계 그리고 센스. 성과를 눈에 보이게 인정받기)

직장에서 중요한 업무를 맡는 사람은 대체로 소프트 스킬이 뛰어나다. 일머리와 함께 사회성까지 갖춘 사람은 조직 내에서 핵심인재로 발탁될 가능성이 매우 높다. 소프트 스킬은 아래와 같이 요약될 수 있다.

첫째, 적극적 자신감과 매력

자신감은 자기효능감을 넘어 타인과의 관계에서도 긍정적 감정을 줄 수 있는 매력이다. 특히 긍정적 표정과 목소리 그리고 적극적 인사 등은 매우 중요한 요소다. 회사는 알게 모르게 우리의 행동을 다 주목하고 있다. 우리가 지닌 긍정적 에너지의 파장은 내 일의 범위보다 훨씬 넓다는 점을 기억하자.

둘째, 선제적 커뮤니케이션/보고 능력

내가 작업한 결과물을 제시간에 조직 내에 공유하고 보고하는 능력을 의미한다. 특히 보고는 매우 중요하다. 제때 보고만 잘해도 일 잘한다는 얘기를 들을 수 있다. 일을 하다 보면 좋지 않은 결과가 나오거나 실수할 때도 있다. 이때 이를 말하기가 두려워서 상사나 관련 부서에 말하지 않고 혼자 해결하려고 끙끙 앓다 보면 오히려 더 안 좋은 결과가 나올 수 있다. 내가 담당하고 있는 일에 대해서는 진행 상황과 특이사항에 대해 항상 상사나 조직이 훤히 알 수 있게 해야 한다. 그리고 보고할 때는 결론부터 말해야 한다. 그 이후 결론을 뒷받침할 쟁점을 2~3개 정도 언급하고, 마지막에는 진행 예정사항이나 대안 등을 같이 말하는 것이 좋다.

셋째, 스몰 토크(small talk)와 경청

공적 관계에서는 어느 정도 긴장이 깔리기 마련이다. 이때 누군가 어색한 분위기를 누그러뜨리는 가벼운 대화를 잘 이어나가면 조직 내에서 호감을 살 수 있다. 그 주제는 취미, 날씨 등 일상적 대화면 충분하다. 정치적이거나 종교적인 주제는 피하는 것이 좋다. 또 오픈 퀘스천(open question)을 통해 대화를 유연히 이끌어가는 것도 중요하다. 대하기 어려운 상사에게도 적극적으로 다가가고 관심을 두면 더 호감을 살 수 있다. 상사의 호감은 어려운 업무도 쉽게 해결하는 기회가 될 수 있다.

넷째, 적극적 도움 주기와 평판 관리

조직 속에는 알게 모르게 내가 하는 일과 행동이 다 퍼진다. 따라서 한 사람과의 관계도 소홀하지 않는 것이 중요하다. 조직 내에 긍정적인 관계를 다양하게 형성해야 하고, 나의 도움을 필요로 할 때는 꼭 시간을 내어 도움을 주어야 한다. 타인의 단점과 흉을 함부로 말하는 것은 적을 만들기 쉬우므로 조심해야 한다. 특히 상사에 대한 험담은 절대 금물이다. 최근에는 이직자에 대한 평판 조회가 필수인데, 평판 관리를 잘하지 못한 경우 충분히 능력을 갖추었어도 합격이 취소되기도 한다.

나도 대기업에 오래 다녔지만, 이 관계적인 측면('사내 정치'라고 표현되기도 하는)에서 역할을 잘했다고 평가하기는 어렵다. 아니, 정확히는 정말 잘하지 못했다. 중요하지 않다고 생각했고, 일만 잘하면 되는 것 아니냐는 생각이 강했던 시절도 있었다. 하지만 퇴사하고 객관적으로 나를 바라보니 이 또한 조직 내에서는 정말 중요했다는 것을 알게 됐다.

기업의 규모와 분위기에 따라 조금씩 다를 수 있지만, 대부분 조직은 각 구성원의 역할이 명확히 다르다. 사원으로서 수행해야 할 역할, 대리로서 수행해야 할 역할, 책임으로서 수행해야 할 역할, 팀장으로서 수행해야 할 역할 등. 어느 시점에선 바쁘게 일만 한다고 좋은 것이 아니라 단계마다 성과를 검증받고 가시적으로 보여주기도 해야 한다.

개인적으로 굉장히 조직 생활을 잘한다고 여겨지는 선배가 있었다. 머리가 좋아서 실무도 곧잘 했는데, 보고를 정말 기가 막히게 잘했다. 무엇보다 호불호가 강한 성격임에도 불구하고 조직 내에서만큼은 절대적인 적이 없었다. 한번은 너무 답답해서 어떻게 해야 조금 더 유연하게 일을 잘할 수 있는지 물어본 적이 있는데, 선배는 이렇게 답했다.

"상사가 무엇을 원하는지 파악하고 싶으면, 그 사람이 자신의 상사를 어떻게 대하는지 관찰해봐. 그러면 답이 나올 거야."

현명하다고 생각됐다. 그 뒤로는 한결 쉬워졌다. 당연한 말처럼 들릴지 모르겠지만, 정말 놀랍게도 모든 사람이 각기 자신의 상사를 대하는 태도가 다 달랐고, 각자가 중요하게 생각하는 포인트가 보이기 시작했다. 물론 이 모든 것을 나의 방식으로 맞추기는 어렵겠지만 적어도 실무자로서 자신이 모시는 사람을 대하는 과정에서는 훨씬 유연한 답이 나오지 않을까? 이는 외부도 마찬가지일 것 같다. 나의 클라이언트가 원하는 사항이 무엇인지를 파악하는 본질적인 해답을 찾는 과정도 이와 같지 않을까?

더 잘하고 싶다면?

(경력 이직 가이드)

한 채용 플랫폼(잡코리아)의 조사 결과에 의하면, 직장인 5명 중 3명
은 매년 새해에 이직을 계획한다고 한다. 사원의 경우 '현재 업무가 적
성에 맞지 않아서'(28.3%) 이직을 결심했다는 답변이 1위에 올랐다. 즉,
취업은 했지만 일을 하다 보니 적성에도 맞지 않고 내가 생각했던 직
무가 아니었음을 깨닫게 된 경우다.

두 번째로, 주임/대리~과장급 이상 그룹에서는 '내 능력에 비해 낮
은 보상/평가를 받고 있기 때문'(주임/대리급 38.9%, 과장급 이상 39.4%)이라는
답변이 많았다. 즉, 일의 전문성을 어느 정도 보유하고 있는 레벨은 직
장 내 단순한 부품으로 활용되기를 거부하고 더 나은 커리어를 이어
갈 수 있을지를 고민한다.

이직 사유는 다음과 같이 분류할 수 있다.

현재 회사가 나에게 맞지 않는다고 느낄 때

이직을 희망하지만 구체적인 이유와 근거가 불확실한 경우다. 또 이직을 통해 불만족을 해소할 수 있을지 불확실한 경우도 이에 해당한다. 이런 경우 최대한 현재의 일과 직장에서의 요소, 이직 시에 형성될 환경에 대한 구체적인 비교, 분석이 필요하다.

우리는 대체로 허츠버그(F.Herzberg)의 2요인 이론을 바탕으로 아래 두 가지를 확인해본다.

먼저 이직을 통해 현재 느끼고 있는 '불만족 요소'(hygiene factor)를 당장 해소할 수 있는지 확인한다. 임금수준, 직위, 직급, 동료와의 관계, 물리적 근무환경 등이 이에 해당한다.

둘째로는 '만족요소'(motivators)의 증가 가능성을 점검해본다. 현 회사의 브랜드 밸류, 몰입수준, 만족감, 의미감 및 성취감을 확인하고 점검한다.

위와 같은 구분된 질문을 통해 이직 동기를 구체화하다 보면 개선이 필요한 요소가 나오게 되고, 최선의 대안을 찾아 구체적 계획과 목표를 정의하게 된다.

직무를 바꾸고 싶을 때

대리급 이하의 경력직 중 상당수가 지금의 직무를 바꾸고 싶어서 찾아온다. 이럴 때는 어느 정도 감당해야 할 경력연수 등 리스크가 있으므로 위의 컨설팅 외에도 매몰비용과 기회비용 등을 같이 점검해보아야 한다. 이 과정에서 가장 중요한 절차는 이상(dream)과 현실(reality)의 격차를 줄이는 것이다.

연봉 수준을 더 높이고 싶을 때

당장 이직하려는 것은 아니지만 더 나은 근로조건과 성장을 제안하는 곳으로 이직이 가능한지 확인하는 경우도 많다. 이 경우, 현재 소속된 회사의 재계 순위와 매출 규모 및 경력사의 업종 전문성과 함께 해당 직무의 적합성, 연차 및 담당업무와 성과를 종합적으로 고려하여 솔루션을 제안한다.

막연히 퇴사하고 싶을 때

입사한 지 얼마 되지 않은 클라이언트들은 막연히 일을 그만하고 싶다는 이유로 상담을 신청한다. 자유로운 대학생활 이후에 마주하는 첫 직장생활은 드라마에서 보았던, 자유롭고 멋지게 아이디어를 내고 팀원들과 즐겁게 일하는 분위기와는 사뭇 다를 것이다. 그리고 신기했던 첫 월급은 어느새 당연한 권리가 된다. 이 경우, 현재 상황에 공감해주고 이해해주는 것으로 상담을 시작한다. 그리고 클라이언트가 느껐을 분노와 답답함을 감싸 안아준 뒤에 솔루션을 제안한다. 이 과정에서 개인에게 주어진 일의 의미와 의무에 대해 가이드하고, 클라이언트가 충분히 일의 필요성을 상기할 수 있도록 돕는다. 또한 근로자의 의무와 책임에 대해서도 가이드해야 한다. 근로자란, 종속된 관계 속에서 사용자의 지시감독을 통해 노동을 제공하고 이를 통해 임금을 받는 관계이다. 그러면 조금 더 성숙한 직업인의 자세를 갖추게 된다.

[부록 1] 취업준비생:
취업, 가능하긴 한가요?

지금까지 직장인의 강점과 약점에 대해 살펴보았다. 하지만 어디가 되었건 일단 취업에 성공하고 싶다는 '취업준비생'들이 너무 많다. 최종 합격 소식을 듣지 못한 이들에게 현실은 아직 먼 나라 이야기다. 뭐가 됐든 일단 들어가 본 이후 결정하고 싶다는 절박함마저 느껴진다.

최근 코로나19 이슈로 2020년 상반기 채용 규모가 거의 반 이상 취소 또는 연기됐다. 잡코리아에 기고했던 나의 채용 시장 트렌드를 공유한다.

키워드 1: 경제 변화

2019년도 경제성장률은 IMF 이후 두 번째로 낮은 2.0%^(잠정)를 기록했다. 정부는 2020년도 경제성장률을 2.4%로 전망했지만 대외적으로는 세계경제 둔화세 진정, 반도체 시장 안정, 지속적인 국가 간 통상 마찰과 환경규제 등 호·악재가 병존할 것으로 예상된다. 대내적으로는 민간소비와 설비투자의 낮은 증가세, 지속적인 건설투자 부진, 국내 생산기반 약화 등의 여건 개선 제한이 예상된다. 더욱이 최근 코로나19 사태로 채용 규모가 급격히 줄어들거나 무기한 연기되는 등 국내외 경제 변화가 빠르게 반영되는 채용 시장에서는 이러한 현 상황이 위협 요소일 수밖에 없다.

키워드 2: 일자리 공급량 감소

이러한 변화는 실제 채용 시장에 다음과 같이 반영되고 있다. 지난 2019년 인사담당자가 꼽은 채용 시장 키워드 톱3는 첫 번째 주 52시간 근무제, 두 번째 최저임금 인상, 세 번째 경기 불황과 구조조정이었다. 이 키워드를 살펴보면 근본적으로 채용 시장의 공급량 즉 기업에서 인재를 채용하는 기회가 점점 줄어들고 있다는 걸 파악할 수 있다. 종합해보면 기업이 어려워지고 있으므로 채용의 문이 지속적으로 좁아지고 있다.

키워드 3: 수시/상시 채용의 보편화

현대자동차그룹을 시작으로 많은 민간 기업들이 앞으로 연말 정기 인사를 없애고 수시로 인사 정책을 시행하겠다고 발표했다. 실제로 지난 2019년도부터 상·하반기에 각 1회씩 하던 신입사원 정기 공개 채용을 폐지했다. 전문성과 사업성과에 기반을 둬 경영환경과 사업전략 변화를 연계한 연중 수시 인사 체제로 전환하는 것이 목적이라는 것이다. 이러한 변화는 앞의 두 가지 요소(경제 변화와 일자리 공급량 감소)에서 전망한 것과 같은 흐름이라 할 수 있다. 즉, 민간 기업에서는 채용에 더욱 보수적으로 접근할 수밖에 없어졌고, 이에 따라 대규모 정기 채용을 폐지하고 직무별로 필요한 인력만 채우겠다는 전략을 실행하고 있다.

사실 외국계 기업에서는 이러한 정책이 보편화되어 있고, 2019년의 흐름의 변화 이전부터 수시/상시 채용을 시행해왔다. 따라서 현 채용시장에서는 정기/공개 채용에 대비하여 준비하는 전략은 위험하다고 볼 수 있으며, 수시로 지원자 스스로 자신의 역량을 기업에 설득할 수 있는 경쟁력을 갖추어야 한다.

키워드 4: 코로나19 사태

코로나19로 온 나라가 시끄럽다. 속보를 통해 쏟아지는 바이러스 전파 소식에 때론 흥분하고 때론 절규하며 마스크로 눈, 코, 입을 꼭 꼭 틀어막고 주위를 예민하게 둘러보고 있다. 이 틈바구니에서 가장 고민하고, 두려워하고, 움츠려 있는 이들이 있으니 바로 취준생들이다.

가뜩이나 해마다 줄고 있는 상반기 공채가 2020년에는 '코로나19'라는 복병으로 인해 초토화되고 있기 때문이다. 그런데 코로나19가 아니었으면 상반기 공채는 순조로웠을까?

이미 공채시장은 줄어들고 있었다. 2020년 상반기 공채는 더욱 그러했다. 코로나19로 그 흐름이 가속화됐고 눈에 띄었을 뿐이다. 취준생 70만 시대라고 한다. 그중 31%가 일명 '공채'를 준비하는 '공채준비생'이다. 그런데 이들이 두드리는 문이 점차 사라져가고 있다. 최근 통계를 보면 2020년 하반기 정기 공채는 11.2%나 줄었다. 특히 그중에서도 대기업 공채는 줄어드는 정도가 더욱 두드러져 보인다. 공채시장은 대기업이 차지하는 비중이 매우 크다. 한 통계에 의하면 2019년 하반기 기준으로 신입 공채 중 대기업이 차지하는 비중은 45.6%다. 하지만 그중 34%는 아예 신입사원 모집이 없었다.

앞에서 언급한 것처럼 현대자동차그룹을 필두로 대기업들이 속속 공채를 폐지하거나 줄이고 있다. 대신 필요할 때 신속하게 인재를 확보하여 적재적소에 활용하겠다고 한다. 공채는 인력을 미리 뽑아야 하는 부담도 클 뿐만 아니라 변화하는 추세에 따라가기도 힘들다는 이유다. 이러한 흐름은 되돌릴 수 없고, 더욱 확대될 것이다.

2019년 EBS 1TV 「다큐멘터리 시선」 '공채의 종말' 편을 인용하자면, 구직자 가운데 이런 현대자동차의 결정에 '반대'를 표명한 사람이 50%나 된다. 정해지지 않은 기준으로 신입사원을 뽑는 '수시 채용' 자체가 불분명하며 시험의 안정성과 공정성이 보장되지 않는다는 불만이 가장 컸다. 또, 청년 1,144명에게 수시 채용에 관해 물었을 때 이에 찬성하는 사람 중 36%는 일정에 구애받지 않는 점을, 28%는 연중 지원이 가능하다는 점을, 17%는 채용 전형이 짧아 빠르게 취업할 수 있다는 걸 장점으로 꼽았다. 반면 반대 의견을 표명한 41%는 무엇보다 수시 채용 체제가 되면서 채용 규모가 줄어들 것을 우려했다. 29%는 일정 파악과 대비의 어려움을, 22%는 수요가 있는 직무만 뽑히게 될 것을 우려했다.

공채 폐지는 공채만을 바라보고 공부한 구직자에게는 그야말로 청천벽력 같은 소식일 것이다. 아이러니하게도 그러다 보니 구직자는 더욱 공채에 몰릴 수밖에 없다. 지난 2019년 9월 실시된 EBS 공채 시험(PD 2명, 방송 기술직 2명, 기자 6명, 경력직 6명을 뽑는 시험)에 2,000명이 몰렸다. 평균 150대 1의 경쟁률이다. 조금 더 자세히 들여다보면 신입직은 경쟁률이 더 높고, 그중에서도 PD 부문엔 무려 1,000명이 몰려 500대 1이 됐다. 꿈을 이루기 위해 나와 같은 꿈을 가진 또래 500명을 제쳐야 하는 게 현실이다.

2019년 상반기 구직자 1인당 평균 입사 지원 횟수 13회, 그중 서류 합격 2회, 다시 그중에서 최종 합격까지 이른 비율은 26%라는 통계 수치가 있다. 그나마 이 수치는 복수합격자를 포함한 것이다. 취업 현장에 있는 내가 체감적으로 느끼기엔 통계 수치의 채 50%가 안 되는 것이 현실이다. 떠도는 우스갯소리로 '공채 합격'이 '복권 당첨'만큼 어렵다.

이렇게 일본과 한국에서만 실시되고 있는 신입사원 공채가 중요해진 이유는 제2의 수능이라 불리는 공채가 일종의 '취업 과거제'로서 우리 사회의 '계급 사다리' 역할을 해왔기 때문이다. 장강명 작가의 비유에 따르면 공채는 사람이 살아가기 힘든 벌판에 있는 '대기업, 공기업, 전문직'이라는 몇 채의 성이다. 그나마 그 성에 들어가야 좀 살기가 낫기 때문에 1년에 한두 번 성문을 열 때면 너도나도 성으로 들어가겠다고 아우성칠 수밖에 없는 셈이다. 그러니 구직자 관점에서 공채의 종말은 곧 사다리 걷어차기라 여겨질 것이다.

IMF 이후 노사정 3자가 구제금융 한파와 시급한 경제위기 극복을 위해 고용조정(정리해고)제와 근로자 파견제의 법제화에 합의함으로써 '대기업 정규직' 중심의 소수 일자리와 질이 좋지 않은 비정규직 중심의 다수 일자리라는 이중구조가 형성됐다. 당연히 취업을 준비하는 사람으로서는 제일 먼저 눈에 띄는, 보장된 일자리를 향해 매진할 수밖에 없다.

그러나 시대는 변하고 있다. 이미 수시 채용은 큰 흐름이다. 그런데도 대다수 취준생이 대기업에 몰리는 이유 중 하나는 대기업의 경우 무엇을 어떻게 준비해야 하는지가 명확하기 때문이다. 소위 '아는 기업'에 몰린다는 뜻이다. 결국, 수시 채용 추세에 맞춰 더 높은 차원의 정보 수집 능력이 필요하다. 변화의 시대, 어떻게 취업 성공이라는 문을 열고 들어갈 것인가?

공채가 와해되고 수시 채용이 늘고 있는 상황에 대비하여 어떻게 취업 전략을 재정비해야 할지, 함께 살펴보자.

키워드 5: 대비 방법-코로나를 기회로 잇는 역량 강화 활동

코로나19 여파와 상관없이 한국경제는 이미 저성장 기조에 접어들었다. AI 도입 확산과 스마트팩토리 확장으로 채용 인원이 지금보다 더 확 늘어나기를 기대하는 것은 환상에 가깝다. 이런 조건을 감안하면, 기업은 가면 갈수록 '더 적합한 인재'를 찾기 위해 노력할 것이고 채용과정은 고도화될 것이다. 따라서 취업을 준비하는 사람은 더욱 '기업의 현 상황'에 적합한 '나를 뽑아야 하는 이유'를 제안할 수 있어야 한다.

① Back to Basic, 합격하는 자기소개서는 '지원동기'가 다르다.

지원동기는 지원자가 지원사에 대한 열정과 관심을 가장 잘 보여줄 수 있는 항목이다. 그렇지만 수많은 선택지 중 한 곳을 지원하는 구직자의 입장에서는 제대로 된 지원동기를 작성하기가 매우 어렵다. 실제로 채용업무를 하면서 자기소개서를 평가해보면 지원동기 항목에서 본인이 가진 장점과 지원직무 간 연계성을 논리적으로 제시한 지원자는 손에 꼽을 정도였다.

코로나19 사태 이후, 지원동기는 합격의 성패를 좌우할 수 있다. 새로운 방식의 생존 비즈니스 모델로의 전환을 모색하는 과정에서 자연스레 직무마다 새로운 업무와 목표가 생겨나기 때문에 이를 잘 꿰고 있는 지원자를 더욱 선호할 수밖에 없다. 따라서 지원동기를 작성할 때는 조금 더 시간을 들여서 지원사에서 현재 필요로 하는 인적 자원의 유형을 생각해보고, 나의 역량과 연결하여 더욱 정교하게 제안해보자. 합격률은 분명 상승한다. 특히 강소기업, 외국계 기업 등의 수시채용 전형에서는 지원동기를 포함하여 자기소개서를 꼼꼼히 읽어보고 평가하는 비중이 매우 높다. 각 기업에 대한 구체적 분석에다 차별화된 소재를 찾는다면 충분히 원하는 성과를 낼 수 있을 것이다.

② 자격증을 준비해보자

직무에 대한 '나의 준비도'를 확인시켜줄 자격증 가운데 내가 도전할 수 있는 것은 어떤 게 있는지 확인하고 채용 일정의 연장과 취소 등으로 확보된 시간을 활용해서 자격증을 준비해보자. 막연하게 '열심히 하겠다'가 아니라 자격증 등으로 자신의 열정과 적합성을 입증하는 것이다. 예를 들어 최근 활용 범위가 넓어지고 있는 빅데이터 활용 역량을 갖추는 시기로 활용할 수도 있다. 최근 자격증 시험도 대부분 연기되고 있지만, 문과생의 경우 적성에 맞는다면 ADsP(데이터 분석 준전문가) 및 소프트웨어 테스트 전문가(CSTS), 사회조사분석사 등 빅데이터 중심의 자격증을 준비해보길 권한다. 만약 지원 시기까지 혹은 면접일까지 자격증을 취득하지 못하더라도 공백기를 활용해 빅데이터 관련 자격증을 공부하고 있다고만 써도 조금 더 적합한 인재로 인정받을 수 있을 것이다. 그러니 무엇이든 최대한 공부하자. 이공계라면 4월에 있을 기사 시험 준비에 더욱 박차를 가하는 기회로 활용하여야 한다.

③ 공공기관/금융권의 채용에 주목하고 대비하자

고용률 참사 상황에서 정부의 히든카드는 공공기관의 채용 확대인 것으로 보인다. 코로나19에 따라 정부가 달성해야 할 고용률은 공공기관의 부담으로, 반면에 우리에게는 기회로 작용할 수 있다. 전공필기, NCS 직무적성검사에 겁만 먹지 말고 딱 세 권만 풀어보면 감이 잡힐 것이다.

서류/면접 전형도 문항과 질문이 까다로워 보이지만 패턴을 익힌다면 충분히 대비할 수 있다. 공공기관은 블라인드 채용에 따라 상대적으로 기회가 균등하게 열려 있으므로 코로나19의 위기를 공공기관 채용의 기회로 만들 수 있다. 이에 더해 최근 핀테크에 따라 세대교체중인 금융권/은행 또한 노려야 할 목표다. 상대적으로 신입 채용의 수요가 많기 때문이다.

④ 연기된 일정에 대해 너무 일희일비하지 말자

면접 일정이 1~2주 혹은 무기한 연기되는 경우가 가끔 있다. 하지만 이러한 상황에 일희일비할 필요는 없다. 어쩔 수 없는 전국적인 사태로 인한 현상이지 개인의 역량 부족으로 생긴 상황이 아니기 때문이다. 오히려 위기를 기회로 삼아야 한다. 당연한 말이지만 더 준비할 수 있는 시간과 기회가 주어졌다고 긍정적으로 생각해야 한다. 굳이 이런 이야기를 하는 이유는 의외로 많은 취준생이 이러한 상황에 기가 죽거나, 남는 시간을 그저 흘려보내는 안타까운 경우가 종종 있기 때문이다. 그럴 경우 면접에서 부정적 성향이 드러날 수도 있다. 심지어 자기소개서에서도 개인의 긍정성/부정성이 충분히 보일 수 있으므로 주의해야 한다.

⑤ 상시적 공고 검색능력이 중요해진다

글을 쓰고 있는 이 순간에도 현대기아차 상시 채용이 오픈되어 있다. 공채가 와해되고 있다고 해서 아예 사람을 뽑지 않는 것이 아니다. 다만 시기가 몰리지 않는 것뿐이다. 물론 사기업 입장에서는 일련의 사태가 채용 인원을 줄이는 핑계가 될 수 있다. 하지만 나의 힘으로 통제할 수 없는 이런 상황에서 걱정만 하는 것은 아무런 득이 되지 않는다. 이럴 때일수록 올라오는 공고를 절대로 놓치면 안 된다. 하루에 일정 시간은 꼭 블록을 해두고 내가 지원할 수 있는 기업들은 어떤 곳들인지 탐색하면서 공고를 확인하자. 주요 포털사이트 및 기업 정보는 알림 저장을 꼭 해둬야 한다. 갈수록 수시 채용이 대세가 될 것이므로 잡코리아 및 링크드인을 활용해서 내 이력서를 수시로 다듬는 일도 필수다.

⑥ 직무 관련 공고는 무조건 지원하자

무조건 다 지원하라는 것이 아무 기업이나 지원하라는 것은 절대 아니다. 다만, 기업/산업/직무의 우선순위를 정해야 한다는 것에 대해서는 이해하고 있으리라 믿는다. 기업 지원 가능 여부를 판단하는 여러 근거에 대해 이해하고 학습해두자. 예를 들어 기업에 대한 지원 여부를 결정하는 1차적인 판단 근거는 매출 규모, 종업원 수, 업계 순위와 시장 점유율, 업력, 최근 성장 추이, 재무구조 그리고 기업 평판 등이다. 그러나 직무 관련 공고가 뜬다면 경험 삼아서라도 꼭 지원해볼 것을 추천한다. 서류 작성 과정에서 입사지원서, 경력기술서, 자소서를 실제로 써보게 되고, 면접 준비 과정에서 개인의 역량이 더 명확하게 정리되고, 그만큼 기회가 증가할 것이기 때문이다.

그리고 최종적으로 지원할 기업을 선택하는 과정에서 신중에 신중을 기하는 것이 현명하다. 이제는 늘 준비를 갖춰놓고 필요할 때 바로 지원할 수 있어야 하는 시대다. 필수 서류인 이력서 평가 항목과 자소서 핵심정리 준비는 미리미리 똑똑하게 챙겨두길 권한다. 자소서 핵심정리는 자소서 주요 평가 역량과 연결해서 경험을 정리해두어야 함은 익히 알 터이니 여기서는 그것에 관한 자세한 얘기는 접어두고자 한다.

⑦ 해외로도 눈을 돌려보자

종종 해외 취업에 대한 문의를 받는다. 그리고 실제로 많은 사람이 해외 취업 문을 두드린다. 현지에서 일할 한국 사람을 찾는 기업들도 꽤 있다. 도전에 대한 두려움이 없다면, 그리고 어느 정도 어학 능력이 준비되어 있거나 가능하다면, 설사 그렇지 않더라도 도전할 마음이 있다면 주변의 경험자나 혹은 전문가의 도움을 받아 해외로 눈을 돌려 다양한 가능성에 도전해보자. 특히 스펙이나 학벌이 다소 부족하다면 더욱 의미 있는 도전이 될 수 있다. 생각보다 많은 청년이 이 시간에도 해외의 문을 두드리고 있다.

취업에는 정해진 기간이 없다.

이러한 상황에 직면할수록 더욱 전략적으로 기회를 잡고 합격에 꼭 성공해서 그 다음 단계인 직장인으로서 삶을 또 고민할 수 있기를 바란다.

[부록2] 경력직:
스카우트 제의를 부르는 전략

　이번 단락은, 이미 위의 단계에서 이직에 대한 필요성과 동기가 충분히 확인된 경우 이직을 위한 솔루션을 제안하는 단계이다. 구체적으로 적합한 포지션을 추천하거나 경력기술서 또는 자기소개서를 작성하여 합격 확률을 높여야 한다. 이 과정은 개인의 경력과 상황마다 각기 다른 전략이 존재하기에 생략하기로 한다.

　먼저 '나를 찾아오는 이직 기회'를 만드는 전략으로 글로벌 비즈니스 SNS인 '링크드인'(Linked In) 활용방법을 소개하고자 한다, 다양한 이직 채널이 있지만 히든챔피언, 다국적(외국계) 기업 및 대기업을 희망하는 경력 이직자들을 대상으로 보았을 때 링크드인은 전 세계적으로 가장 먼저 구축된 플랫폼인 동시에 국내외 다수의 기업 채용 담당자와 헤드헌터가 가장 많이 활용하고 있는 플랫폼이기도 하다. 단순히 링크드인 프로필 생성을 넘어 다양한 소통과 기회 검토가 링크드인 내에서 상시 진행되어야 한다는 것을 이해해야 한다.

첫째, 프로필 생성 후 지속적 활동을 관리(업데이트)하자.

링크드인 프로필의 중요성은 1:1 컨설팅을 통해 계속 증명해왔고 또 강조해왔다. 링크드인 프로필은 단순히 내가 그동안 해왔던 업무의 요약이 아니라 '미래 커리어 스텝을 위한 근거자료'의 형태로 작성해야 한다. 따라서 내가 현재나 과거의 조직에서 어떤 업무를 담당했는지가 아니라 미래의 목표를 달성할 수 있는 경험과 지식/기술/태도를 갖추었음을 제시해야 한다. 이는 우리나라처럼 경직된 노동시장에서 앞으로 이직할 기업에 어떤 성과를 가져다줄 수 있는지 정리해서 알려줘야 한다는 점과 일맥상통한다.

프로필 생성 후에는 희망 산업/직무에 매우 정통(savvy)하다는 것을 보여주어야 한다. 특히 변화하는 디지털 트랜스포메이션(digital Transformation)에 대한 정보와 그 산업군의 적용 및 직무 역할에 대해 해석할 수 있어야 한다. 따라서 개인 페이스북이나 인스타그램에 업데이트하듯 직업적 생각과 의도 및 열정을 계속 보여줄 수 있어야 한다는 뜻이다.

둘째, 장기적인 관점(long-term)으로 기업과 연락할 수 있는 접점을 마련하자.

6억 명 이상의 개인 회원뿐 아니라 3,000만 개 이상의 회사가 링크드인에 가입해 인재들을 살펴본다. 우리나라의 인재들은 대부분 링크드인을 '개인 대 개인'의 네트워크에 초점을 맞추고 인사담당자에게 메시지를 보내는 데 집중한다. 그러나 채용의 기능이 '현업'으로 상당히 이동한 현재, 인사담당자에게 메시지를 보내는 행동 자체가 링크드인 활용 수준이 매우 초보적임을 보여주는 행위라는 것을 꼭 기억하면 좋겠다. 오히려 희망 기업의 본사(HQ 및 AP 지사)에 직접 연락하거나 지속해서 기업에 관한 정보를 업데이트함으로써 기업/현업 관리자와의 접점을 자연스럽게 형성해야 한다. 이 경우 자연스럽게 희망 회사의 태그를 걸게 되고, 채용 포지션이 있으면 링크드인 내에서 눈에 띄기가 쉽다. 이직 시장은 전통적인 우리나라의 문화와 다르다는 것을 꼭 기억하자. 그리고 우리나라의 '빨리빨리 문화'와 달리 자연스러운 연결점 형성이 매우 중요하다는 점을 잊지 말자.

셋째, 전문성을 간결하고 또렷하게 보여주어야 한다.

페이스북, 인스타그램과 달리 링크드인은 정보 소비가 목적이 아니라 정보 전달 및 공유를 목적으로 하는 생산적 SNS다. 특히 최근 퍼스널 브랜딩의 중요도가 증가하면서 톤앤매너(tone & manner)가 분명한 스페셜리스트(specialist)로 보일 수 있는 플랫폼으로 활용해야 한다. 또한 지금 몸 담고 있는 회사가 대기업이나 외국계 기업이 아닐 경우 영어로도 같이 작성해서 AP 지사에서 같이 검토할 수 있게 열어두어야 하고, 현 회사의 강점과 차별화에 관한 내용을 같이 언급하여 현 회사의 브랜딩까지 같이 돕는 것이 포인트다.

　최근 리멤버커리어 등 국내 기반의 채용 솔루션도 도입되고 있다. 이제는 단순히 헤드헌터에 이력서를 전달하는 게 아니라 디지털 환경 속에서 나의 비즈니스 브랜딩이 중요해지고 있다는 반증이다. 트러스트원의 연구 결과, 정보의 비대칭으로 이직 기회를 놓치는 경우가 40%가 넘는 것으로 나왔다. 적어도 이 책을 읽는 독자들은 이런 실수를 하지 않길 바란다.

Part 2

인생직업 02
창업인(사업가)

창업인(사업가) 이야기

20대부터 40대까지 창업인 50명을 대상으로 진솔하게 인터뷰를 진행했다. 다음 이야기를 통해 창업의 강점과 약점을 살펴보자.

강점

윤 대표: 자는 동안에도 돈이 들어온다. 지금과 같이 노동의 가치가 하락해 있는 시기일수록 창업을 해야 한다고 생각한다. 대기업 8년을 다니고 퇴사했다. 연봉도 8,000만 원 이상일 정도로 나쁘지 않았으나 1억을 넘어도 현실은 나아질 것 같지 않았다. 지금 운영하고 있는 유통 회사의 월 평균수입은 2,500만 원 정도. 차를 바꾸고 이사를 하는 등 라이프스타일 수준도 많이 올라갔다. 내가 내 회사를 키운다고 생각하니 힘들지만 스트레스는 적다. 500~600만 원을 버는 직장생활에는 전혀 미련이 없다. 조금의 리스크를 감내하고 내가 가진 장점/역량을

잘만 정의한다면 창업이 그래도 안정적으로 돈을 버는 지름길이라고 생각한다. 정말 직장인이 안정적일까? 내가 회사에 출근하지 않으면 곧바로 월급이 나오지 않는데? 사업가는 1주일씩 회사에 나가지 않아도 내부 시스템을 통해 매출을 일으킨다. 내가 자는 사이에도 1,000만 원의 매출이 생긴다. 과연 누가 더 안정적인가?

나 사장: 내가 하고 싶은 일을 한다는 것에 대해 자부심을 느낀다. 사업자등록을 처음 했을 때, 정말 살아있다는 느낌이 들었다. 머릿속으로 구상만 하던 것을 직접 상품이나 서비스로 구현하는 과정에서 오는 짜릿함은 말로 표현이 안 된다.

도 대표: 이것도 하나의 숙명인 것 같다. 무엇인가 갇힌 것에서는 절대 만족을 못 하고, 하고 싶으면 반드시 해야 하는 성격이다. 어느 정도 단계를 지나면 돈보다, 내가 사업이라는 비즈니스 체계를 좋아해서 일을 지속하는구나, 라는 확신이 든다.

정 사장: 물론 힘들 때도 있지만 세상에 먹고사는 게 힘들지 않은 사람이 얼마나 있겠는가. 내가 주체가 되어 스스로 할 수 있는 영역이 있고 이를 세상에서 증명받는 건, 경제적인 가치도 물론 중요하겠지만, 그 이상의 성취감을 느끼게 해준다.

구 대표: 세상에 자신이 하고 싶은 일을 하는 사람이 과연 몇이나 될까? 자유를 얻은 만큼의 책임감이 부여되는 것은 사실이지만 오롯이 나의 일이라는 확신이 들기 때문에 이 또한 기쁘고 즐겁다.

신 사장: 정말 어려웠다. 지금의 안정화 단계로 접어들기까지 7년이

라는 시간이 소요됐는데, 그동안 여덟 번 정도 실패를 거듭했다. 이것 저것 많이 해봤고, 그러한 시행착오를 겪은 후에야 나의 직접적인 노동이 투입되지 않더라도 수익을 창출할 수 있는 시스템을 창조했다. 절대 쉽지 않았지만 후회는 없다. 현재 나의 모습에 감사하다.

약점

김 대표: 미대를 졸업하고 처참한 예술산업의 현실을 보면서 미술작품 온라인 상거래 플랫폼 사업에 도전했다. 회사 다닐 때와 비교할 수 없을 정도로 업무 강도가 강했지만 '내 것'이니까, 누구보다 몰입했다. 미국 현지 및 싱가포르에서 IR(investor relations, 기업설명회)도 하고 다섯 번이 넘는 정부 사업 투자도 받았지만, 요즘 같은 경제 상황에 예술은 사치였던 걸까? 결과적으로 잘 안 됐다. 다섯 명 내외의 직원도 채용하고, 잘하고 싶어 열심히 노력했는데 속상하면서도 또 한편으로는 해내야 한다는 압박감에서 벗어나 매우 편하기도 하다. 지금의 경제 환경은 사실 마이너스다. 창업은 이런 상황에서 플러스를 끌어내야 한다. 다양한 사업가를 만났지만 그중에 안정적으로 사업확장을 이어나가는 경우는 열 명 중 두 명도 채 안 되는 것 같다. 창업은 1%의 가능성을 보고 99%의 노력을 다할 수 있는 사람이 해야 한다.

박 사장: 누군가에게 검증을 받기가 어려워서 내가 맞게 하고 있는지 때때로 불안하다.

차 대표: 정말 어렵다. 좋은 아이템이나 서비스가 딱 떠오르지도 않고, 있다고 할지라도 사업으로 잘 이어지기가 쉽지 않으니까.

도 사장: 하루하루 생존한다는 느낌 덕분에 일하고 있지만 안정화되기까지는 항상 걱정된다.

서 대표: 우리나라에서는 미국과 같은 주요 선진국과 달리 개인이 창업해서 성공하기까지 많은 어려움이 있는 듯하다. 물론 도약하는 과정이라 생각한다.

표 사장: 사실 평일과 주말의 개념이 없다. 이걸 못 받아들인다면 창업은 어렵다. 비즈니스를 안정화하기까지 매일 월화수목금금금일 수도 있다. 일정 부분 당연하다. 휴식은 해야겠지만 규칙적인 휴무일을 꼬박꼬박 다 챙길 수가 없다.

신 대표: 투자금을 유치하는 과정이 어려웠다. 물론 이를 잘 극복하면 더 큰 다음 단계로 넘어갈 수 있다고 믿고 있지만, 사업을 하다 보면 여러 가지 변수들과 항상 마주해야 한다.

장 사장: 직원들 관리가 쉽지 않다. 혼자 뚝딱 해치우면 속은 편하겠지만 효율성이 떨어진다. 함께 더 큰 미래를 보며 나아가야 하는데, 모두가 내 마음 같지 않다. 제일 힘든 게 사람^(직원) 관리다.

강 사장: 딸린 식구들이 늘어나면 늘어날수록 책임감이 강해지면서 그만큼 부담이 된다. 사업이 잘 될 때는 괜찮지만 언제나 등락이 있다. 특히 지금처럼 코로나19 사태로 전 세계 경제가 흔들흔들할 때는 직장인으로 꼬박꼬박 월급 받던 때가 그립기도 하다. 당장 이번 달 매

출이 나오지 않더라도 직원들에게는 임금을 지급해야 하니까.

문 대표: 외롭다. 요즘에야 사장학교, 사장학개론 등의 사설 교육들이 조금씩 생겨나고 있는데, 정말 '대표'라는 타이틀을 위한 제대로 된 교육이 없다. 서로 경쟁자가 될 수 있으니 멘토도 사실상 없는 셈이다.

인터뷰 후 느낀 점

아무나 사업을 하는 것은 아니라지만 인터뷰를 통해 작든 크든 조직을 벗어나 밖에서 비즈니스를 운영한다는 게 새삼 대단하다는 것을 느꼈다. 최근에는 청년층이 유수의 스타트업 형태의 기업을 창조하고 안정화하여 성공하는 사례가 많아져서 개인적으로는 참 설레고 기쁘다. 물론 취업보다 창업을 무조건 장려하는 것은 결코 아니다. 오히려 가장 보수적으로 접근해야 할 만큼 위험 부담이 크고 업무 강도 또한 세다고 조언을 주고 싶다. 다만, 내가 원하는 것을 직접 정의하고 실현해가는 비즈니스 사업체의 대표는, 성공하기 어렵고 책임이 무거운 만큼 참 멋지다. 대한민국의 모든 대표자와 사장님들에게 응원의 메시지를 전하고 싶다.

누가
잘할까?

대체로 진취적이고 자기주도적 성향을 지닌 사람일수록 창업에 유리하다. 이런 성향을 지닌 직장인은 일부를 제외하고는 회사 내에서 적절한 동기부여를 받지 못한다. 조직의 특성상 톱다운(top-down) 방식의 의사결정이 이뤄지므로 자기주도적 의사판단의 기회가 매우 적기 때문이다. 회사에서는 그런 말이 있다. "똑똑한 사람은 이미 다 퇴사하고 없다"라는. 대체로 맞는 말일 수 있다. 회사에서 주는 인센티브나 승진보다 더 위대한 목표와 꿈을 지닌 사람에게는 회사가 매우 비좁은 곳이 될 수 있다. 이런 사람에게는 창업의 길을 추천한다.

그러나, 창업은 운이다. 실력이 있어도 상황적 요소가 갖추어지지 않거나 시기가 맞지 않으면 기대하던 성공을 이루기가 쉽지 않다. 30여 명의 전현직 창업주를 인터뷰해본 결과, 절반 이상의 창업주가 90% 가까이 실패를 맛봤다고 했다. 실패는 곧 밀린 월세와 관리비, 대출이자, 그리고 직원이 있다면 밀린 월급으로 현실화된다. 내일도 불투명하고,

쉽게 포기하고 털어버릴 수도 없다. 이런 상황을 견딜 수 있겠는가? 준비됐다면 창업은 아래와 같은 점에서 기회이다.

첫째, 노동 수익의 한계에서 벗어날 유일한 기회다.

좋은 아이디어를 잘 구체화해서 플랫폼 사업을 안정적으로 궤도에 올렸다고 생각해보자. 매출도 계속 오르고 사세 확장으로 직원을 채용하고, 전문경영인도 채용했다. 이제 직접 일을 하지 않고도 수익을 창출할 수 있는 시스템이 생성됐다. 이 단계에 들어선 사업가들은 직장인의 월급을 초월하는 수익을 창출하게 된다. 이렇듯 창업은 직장인의 월급을 초월할 수 있는 거의 유일한 통로다. 돈이 우리의 행복에 필수불가결한 요소라고 생각한다면 더 많은 돈이 더 많은 자유와 행복을 가져다준다고 생각한다면 창업은 가장 현실적인 접근이다.

성공한 창업주를 인터뷰하며 알게 된 사실은, 수익의 측면에서보다 시간여유의 측면에서 부자가 됐다는 사실에 더 만족해했다. 매일 절반 이상의 시간을 반강제적으로 투입해야 하는 직장인의 삶과는 비교할 수 없는 자유와 주도적 삶이 펼쳐진 것에 감사하는 것이다. 원하는 것을 살 수 있는 수익은 불확실성을 견딘 대가라 할 수 있을 것이다.

둘째, 창업은 정년이 없다.

우리나라 기업의 평균 정년은 62세가 채 되지 않는다. 평균수명이 계속 높아지고 있고, 이미 초고령사회에 들어선 우리나라에서는 노년이 보장되어 있지 않다면 정년 이후에도 노동을 계속해야 한다. 국민연금 평균 수령액이 100만 원이 채 되지 않는 현실에 비춰볼 때, 정년 이후에는 회사를 떠나 독립적 노동을 해야 하는 게 숙명이다. 하지만 그때 가서 창업을 할 경우 성공 확률은 지금 창업하는 것보다 매우 낮을 수밖에 없다. 리스크는 더욱 높을 것이고 실패는 더 크게 다가올 것이다. 도움되는 인맥도 한창 창창할 때보다 많지 않고, 신기술 습득도 느릴 것이다. 언젠가 맞닥뜨려야 할 창업의 두려움이라면 바로 지금이 적기일 수 있다.

셋째, 작게 시작할 수 있는 기회를 활용하자.

단 몇 시간 만에 홈페이지를 만들 수 있고, 하루 이틀만 투자하면 쇼핑몰도 만들 수 있는 시대다. 또, 요즘처럼 사무공간의 공실이 많은 때는 조금만 발품을 팔면 좋은 입지의 사무실을 비교적 쉽게, 저렴하게 구할 수 있다. 시작이 반이다. 사업은 원래 작게 시작해서 크게 키우는 거다. 어차피 겪어야 할 시행착오라면 지금의 환경이 최적이다.

직장인이라면 퇴근 후와 주말을 활용하자. 주 52시간제 도입으로 직장에 쏟는 에너지와 시간이 줄어들면서 창업의 기회가 더욱 가까이 왔다. 잦은 야근과 회식 때문에 시작하지 못했던 나만의 프로젝트들을 시도해보자. 성공 확률은 더 많이 일한다고, 더 많이 찍어낸다고 높아지지 않는다. 창의적 사고와 기회를 보는 눈은 오히려 조금 한가하거나 여유로울 때 나올 수 있음을 기억하자. 지금 같은 때 일과 병행하는 창업 시도는 대단히 멋진 판단이다.

더 잘하고
싶다면?

이 장은 존경받는 기업가들의 어록으로 구성하고자 한다. 아직 성공한 기업가가 아닌 나의 입장에서 매일 성장하고 성공하기 위해서 챙겨 보는 문구 가운데 몇 가지를 골랐다.

"운둔근(運鈍根). 사람은 능력 하나만으로 성공하는 것은 아니다. 운을 잘 타야 하는 법이다. 때를 잘 만나야 하고 사람을 잘 만나야 한다. 그러나 운을 잘 타고 나가려면 역시 운이 다가오기를 기다리는 일종의 둔한 맛이 있어야 한다. 운이 트일 때까지 버텨내는 끈기와 근성이 있어야 한다."
- 이병철(삼성그룹과 CJ그룹, 한솔그룹, 중앙일보를 창업한 기업인)

"비전이라는 것을 잘못 가지면 고집이 된다. 내가 이렇다라고 말하고 나면 모든 것을 그것에 맞춰서 보려고 한다. 기업을 잘하려면 소비자를 잘 알아야 한다. 그래야 다음 흐름이 보인다. 그러려면 많이 겸손해야 하고 많이 비워져 있어야 한다. 천재가 되는 것보다 겸손해져야 한다고 생각한다."

— 이해진(네이버 의장)

"실패는 옵션이다. 실패하지 않는다면, 당신은 충분한 혁신을 이룰 수 없다."

— 앨런 머스크(테슬라 창업자)

"리더십이란, 리더가 없는 상황에서도 그 영향력이 지속되도록 하는 것."

— 셰릴 샌드버그(페이스북 COO)

"혁신을 할 때는 모든 사람이 당신을 미쳤다고 할 테니, 그들 말에 준비가 되어 있어야 한다."

— 래리 앨리슨(오라클 CEO)

"무엇이 중요한 문제인가? 올바른 일을 하는 것과 일을 제대로 하는 것 사이에 놓인 효과와 효율성의 혼란에서 모든 문제는 비롯된다. 확실한 것은 하지 않아도 될 일을 효율적으로 하는 것만큼 쓸모없는 일은 없다는 것이다.”

- 피터 드러커(경영학자)

“인간의 성과창출능력은 약점이 아니라 강점에 달려있다. 훌륭한 경영인은 사람들이 약점에 근거해서는 발전할 수 없음을 안다. 성과 창출을 위해 우리는 동료, 상사, 자신이 사용할 수 있는 모든 강점들을 활용해야 한다. 강점을 생산적으로 만드는 것이야말로 조직의 고유한 목표이자 과제가 되어야 한다.”

- 피터 드러커(경영학자)

“나는 ‘클라이언트’(Client)를 항상 대문자로 표시한다. 우리를 먹여 살리는 사람들에 대한 존경의 표시다. 맥킨지에서는 클라이언트의 첫 글자 C를 대문자로 처리하지 않는 사람을 중죄로 다스린다고 한다. 내가 그곳에서 깨닫게 된 교훈이다.”

- 톰 피터스(비즈니스 작가)

“우리는 직원들에게 ‘수익에 대해서는 걱정하지 마라. 고객 서비스에 대해서만 생각하라’라고 말한다. 수익은 고객 서비스의 부산물이다. 수익은 본질적인 목표가 될 수 없다. 그것은 여러분들 서로의 관계 그리고 외부 세계와 관계 맺음 방식과 노력에 의해 얻어지는 것이다.”

- 허브 켈러허(사우스웨스트항공 회장)

"내가 매번 같은 이야기를 한다고, 나를 바보라고 생각하지 마십시오. 정말 중요하다고 생각하는 일은 모든 사람의 뇌리에 새겨질 수 있도록 100번이라도 반복해야 합니다."

- 퍼시 바네빅(ABB 회장)

"사회적 통념은 무시하라. 모든 사람이 똑같은 방법으로 일하고 있다면 정반대 방향으로 가야 틈새를 찾아낼 기회가 생긴다. 수많은 사람이 당신에게 길을 잘못 들었다며 말릴 것에 대비하라. 살아오면서 내가 가장 많이 들은 것은 '인구 5만 명이 되지 않는 지역에서 할인점은 오래 못 버틴다'라고 말리는 말이었다."

- 샘 월튼(월마트 창업 회장

기획 1단계: 아이템 선정

무궁무진하다. 그런데 기본적으로는 이 본질적인 질문에 대한 답변을 통해 시장을 조사하고 선정하면 좋겠다.

'불편한 것을 개선하는 과정.'

당신이 소비자로서 불편했던 경험은 무엇이 있는가? 물건? 서비스? 시스템?

이에 대한 답변을 하나씩 적어보자. 그 과정에서 분명 답이 나올 것이다.

기획 2단계: 사업계획서 작성

처음에는 무엇이 됐든 아이디어를 문서로 작업하고 직접 실행하는 것으로 시작하는 것이 어떨까 한다. 인터넷에 보면 여러 가지 사업계획서 양식이 있는데, 복잡할 필요 없다. 중요한 것은 형식이 아니라 알찬 내용이다. 다음과 같은 목차를 참고하면 충분히 수준 높은 사업계획서를 시작할 수 있다. (정부 창업 패키지 제도 양식에서 필요한 부분만 추려서 공유한다.)

사업계획서 목차

서 론

- 창업(사업) 아이템 개요
  - 창업(사업) 아이템 소개
  - 차별성
  - 개발 경과
  - 국내외 목표시장
  - 창업(사업) 아이템 이미지
- 현 상황 진단 및 개발 동기

본 론

- 필요성
  - 창업(사업) 아이템을 구현하고자 하는 목적
  - 국내외 시장(사회·경제·기술)의 문제점을 혁신적으로 해결하는 방안

- 현재 진행 상황 및 전략
  - 비즈니스 모델(BM)
  - 제품(서비스) 구현 정도
  - 제작 소요기간 및 제작방법(자체, 외주)
  - 추진 일정
- 시장분석 및 경쟁력 확보 방안
  - 기능·효용·성분·디자인·스타일 등의 측면에서 현재 시장에서의 대체재(경쟁사) 대비 우위 요소
  - 차별화 전략
- 자금 조달 계획
  - 자금의 필요성
  - 사업비(사업화 자금)의 사용계획

결 론
- 마무리

실행 1단계: 정부 지원(support) 알아보기

창업을 꿈꾸는 초보자가 알고 있으면 유용한 정보를 소개한다. 중소벤처기업부가 운영하는 K-스타트업의 서비스 장이라고 생각하면 된다. 창업 준비, 창업 절차, 기업 설립·창업 관련 인허가사항, 의무신

▲ K-스타트업 소개

고사항, 창업 관련 세제지원, 정보지원시책 등을 종합적으로 수록하여 창업 희망자와 초기 창업기업에 필요한 정보를 손쉽게 찾아볼 수 있도록 다양하게 구성돼 있다.

실행 2단계: 투자자를 위해 대비하기

투자자가 생기고 나서 일을 처리하면 이미 늦다. 항상 내 사업을 더욱 넓고 나은 환경에서 운영할 수 있도록 도와줄 투자처를 만났다고 생각하고 철저히 대비해야 한다. 즉 투자자 유치자료(IR-Investment Relation)를 평상시에 준비해야 한다는 뜻이다.

실행 3단계: 영업은 숙명이다

많은 청년이 '영업'이라는 단어에 거부감을 느끼는 것에 적지 않게 놀랐다. 이는 특정 산업 및 직무에 대한 오래된 편견으로 보인다. 창업(사업)은 결국 영업으로 시작하고 영업으로 종료된다고 해도 과언이 아니다. 비단 외부 소비자를 대상으로 하는 판매뿐 아니라 그 과정에서 협업하는 파트너사들과의 관계도 영업이다. 내부 직원 관리는 또 어떠한가. 함께 일하면 좋겠다는 비전을 제시하고, 동기를 유발하고, 다른 기업보다 우리 회사가 좋은 이유를 홍보하는 과정, 더 나은 처우와 조건을 제시하며 협상하는 과정 역시 영업이다.

영업과 관련해서 소개하고 싶은 책이 한 권 있다. 한국인 최초의 글로벌 외식 그룹인 스노폭스(SNOWFOX GROUP) 김승호 회장의 『돈의 속성』이다. 초보 창업인들이 꼭 참고했으면 한다.

Part 3

인생직업 03
프리랜서

프리랜서
이야기

20대부터 40대까지의 프리랜서 40명을 대상으로 진솔하게 인터뷰를 진행했다. 그들의 이야기를 통해 프리랜서의 강점과 약점을 알아보자.

강점

차 프리: 스스로 원하는 일을 하는 것이니 재미있고 좋다. 무엇보다 좋은 것은 자유로움이다. 유연성. 내가 원할 때 일하고, 쉬고 싶을 때 쉴 수 있는 삶. 아마도 누구나 꿈꾸는 형태이지 않을까?

박 대표: 글 쓰는 것을 고등학생 때부터 좋아했다. 소설집까지 낼 생각은 없었는데, 얼떨결에 회사 다니면서 낸 짧은 수필집 덕분에 운 좋게 등단하게 됐다. 이후 팬들이 생기면서 '이거 일로 해봐도 괜찮겠는데?' 하는 생각이 들었다. 앞으로 어떻게 될지는 모르겠지만 일단 자신

감이 들었다. 이젠 평생직장이 없는 시대지만, 작가는 평생 할 수 있겠다는 확신이 든다.

김 프리: 별도로 소속된 집단이 없다 보니 감정 노동을 할 필요가 없어 좋다. 또한 내가 일하는 곳이 곧 사무실이 될 수 있다. 조직이 커지면 불필요한 임대료나 인건비 등 고정비가 생긴다. 하지만 혼자 일하면 이런 비용이 절감되어 훨씬 효율적이라는 생각이 든다.

유 대표: 시간/공간에 제약을 받지 않고 독립적으로 생활할 수 있어서 굉장히 만족한다. 다시는 근로자의 삶으로 돌아가고 싶지 않다. 안정적인 재무 상태를 가지기까지 절대적인 시간과 노력이 필요했지만 지금 현재 나의 모습이 무척 마음에 든다.

두 프리: 혼자 움직이는 게 좋다. 계약관계도 명확하다. 규모가 커지면 정규 직원을 채용하고 그만큼 무거운 책임이 주어지겠지만 아직은 그럴 필요가 없을 것 같다.

약점

유 프리: 고정 수입이 없는 게 가장 큰 단점이다. 누군가 불러주지 않으면 쓰임이 없을 수도 있겠다는 불안감도 있다. 경제적으로 독립하기 위해서는 정말 개미처럼 일해야 할 수도 있다.

장 대표: 마케팅이 가장 어렵다. 나를 시장에 꾸준히 알려야 하고 브랜딩을 해야 한다. 처음에는 조금 막막한 것이 있었다. 내가 일을 하지

않으면 고정 수입이 뚝 끊기는 때도 있었다. 시스템화하기까지는 일정 부분의 노력과 시간이 소요된다.

서 대표: 우리나라에서는 아직 1인 개인사업자(프리랜서)의 입지가 좋지 않아서 세무 등 공부해야 할 것이 정말 많다. 사소한 것까지 직접 다 잘 알아야 대응할 수 있는 게 많다.

정 프리: 모든 영역에서 멀티플레이어가 되어야 한다. 나를 알리고, 기획하고, 실행도 해야 한다. 1부터 10까지 내가 다 완성해야 한다. 이것을 당연하게 생각하면 괜찮은데 만약 어려워한다면 프리랜서의 삶을 감당하기 힘들 것이다.

인터뷰 후 느낀 점

우리는 일을 통해 경제적 독립과 자유를 찾는다. 고대 그리스의 철학자 에피쿠로스는 돈과 명예 그리고 충분한 섹스가 행복을 보장해준다는 기존 관념에 반대했다. 그는 행복한 사람의 생애를 연구한 결과, 행복의 기준을 다음 세 가지로 정의했다.

첫째, 소수의 사람과의 깊은 우정

둘째, 스스로의 의지대로 살아갈 수 있는 자율성

셋째, 사색할 수 있는 시간

이 기준에 빗대어 보자면 '1인사업가 회사'는 종속된 관계 속에서 타인에게 근로를 제공하고 그 대가로 임금을 받는 직장인에 비해 매우

'행복'한 것으로 보인다. 매일의 시간을 자유롭게 활용할 수 있고, 누군가가 시킨 게 아니라 자신의 일을 자신의 의지대로 자율적으로 해나간다는 점에서도 그렇다. 그리고 회사 안에서 지지고 볶고 마음에 들지 않는 상사와 부대끼며 일해야 하는 일도 없으니, 비교적 행복한 직업인 셈이다.

그러나 회사라는 타이틀을 벗어던지고 오롯이 나로서만 가치를 인정받기 위해서는 먹힐 만한 무기가 있어야 한다. 그 무기는 누군가의 문제를 해결해 줄 수도 있고, 가치 있는 무언가를 만들어 줄 수도 있을 것이다. 먼저 내가 가진 장점과 역량이 어떻게 쓰일 수 있는지 고민해보고, 고객은 어디에 있는지, 어떻게 다가가야 하는지 그리고 어떠한 가치를 제공할 것인지 정의해야 한다.

'프리랜서'와 '사업가'의 차이는 고용하고 있는 근로자의 유무이다. 별도의 직원을 둘 정도로 규모를 키우지 않고 혼자 일하면서 평균 직장인들의 수입보다 더 많이 가져가는 경우가 이상적이라 할 수 있겠다.

대부분의 프리랜서는 직장생활과 병행하면서 조금씩 파이를 넓혀간 경우가 많았다. 또는 아르바이트를 하다가 관련 경험을 얻어 전문가가 되는 예도 있다.

프리랜서는 스스로 '나'를 상품으로 브랜딩하여 지속적으로 세일즈하고 가치를 인정받는 과정의 반복이다.

누가
잘할까?

커리어 관련 상담을 진행하면서 다시 직장인이 되려는 프리랜서를 많이 만났다. 직장인이 싫어 프리랜서가 됐다가 다시 직장인이 되려는 가장 큰 이유는 고정적이지 않은 수입으로 인한 불안감이었다. 4대보험 비용의 압박부터 다음날을 기약할 수 없는 상황에 이렇다 할 돌파구를 찾지 못하고 지친 경우가 많았다. 특히 개인이 곧 상품이 되어야 하는 탓에 누구에게도 이런 속마음을 털어놓기가 쉽지 않아 보였다.

반면, 인터뷰를 통해 만난 성공적인 프리랜서는 대부분 부지런하고 매우 진취적이었다. 수동적인 삶에서는 동기를 찾지 못했고, 더 잘하고자 하는 마음이 컸다. 중요한 공통점으로는 조직생활의 루틴과 정해져 있는 승진 경로 그리고 아쉬운 월급에 대한 불만족이 컸다. 1인사업가가 되고자 하는 사람들은 자신의 강점/역량이 무엇인지 고민하기 전에 내가 어떤 성향의 사람인지를 고민해야 한다.

"지금 하는 그 일에서, 당신은 무엇을 느끼고 있는가?"

중견기업 재경팀에서 5년을 근무한 뒤, 프리랜서의 일종인 보험설계사로 이직을 결정한 A씨는 당시를 이렇게 회고한다.

"경제학과를 졸업한 뒤 탄탄한 중견기업 재무팀에서 5년 근무했습니다. 활발한 성향과 적극적 태도로 회사에서 꽤 인정을 받았어요. 그러나 뭔가 모를 열정과 동기가 부족했어요. 매월 350만 원 전후로 들어오는 월급도 크게 만족이 안 됐고, 쳇바퀴처럼 계속되는 직장생활이 매우 지루했어요. 직장인 말고 다른 길은 없을까 알아보는 과정에서 한 선배가 하는 보험영업직이 눈에 들어왔죠. 수입이 불안정한 것과 사회적 인식이 부담됐지만, 직장인의 삶은 그보다 더 깜깜했거든요. 이후 몇 개 보험사의 상담 세션을 들어본 다음 퇴사를 하고 한 회사에 입사코드를 넣었어요. 그런데 뭐랄까, 각오하고 나와서 그런지 아니면 함께하는 동료들이 있어서 그런지 퇴사 이전에 걱정하고 고민했던 것만큼 어렵거나 힘들지는 않았습니다. 5년간 재무팀에서 익혀왔던 것들이 발휘되면서 어떤 부분들은 오히려 익숙하게 다가오기도 했죠. 막상 선택을 하고 보니 오히려 걱정의 시간이 더 힘들었던 것 같아요. 배우고 또 노력하다 보니 한 건, 두 건 계약이 성사되면서 더 자신감을 가지게 됐습니다."

5년이 지난 지금, A씨는 어떻게 생활하고 있을까? 무려 이전 직장 연봉의 다섯 배를 벌어들이고 있는 그는 꽤 편안하게 지금의 보험설계사 생활을 말한다.

"잘하는 게 일이 되니까 수입은 알아서 따라오더라고요. 이제 6년 차가 됐는데, 이전 회사에서 나갈까 말까 고민했던 것들이 소소한 추억이 됐네요. 그때의 한 달 월급이 이제는 한 달 고객상담 활동비와 비슷한 걸 보니, 꽤 열심히 사는 것 같습니다. 특유의 적극적이고 활달한 성격은 소개에 소개를 물고 계약 성사로 이어졌고, 성공적 지표로 가늠되는 MDRT에도 네 번이나 이름을 올릴 수 있었어요. 2억 5,000만원 이상의 수입을 올리고 있죠, 고수입보다 더 좋은 것은 내가 내 삶을 주도적으로 이끌고 있다는 겁니다. 회사를 다닐 때는 내가 아무리 잘해도 인정과 보상이 따라오지 않는 경우가 많아서 동기부여가 되지 않았는데, 지금의 삶은 조금의 불확실성만 감내한다면 내가 원하는 것들을 이루어 낼 수 있고 내가 원하는 일과 삶의 조화를 이룰 수 있다는 점에서 매우 만족스럽죠. 결론적으로 나는 보험설계사 직업을 내 아들에게도 물려주고 싶어요."

퇴사 후 프리랜서 강사로 전환한 B씨의 전환 당시 고민도 들어 보자.

"평소에 교육에 관심이 많았어요. 대학생 때 과외도 많이 했고, 교육 봉사도 여러 번 했어요. 졸업하고 나서 한 중견기업의 교육담당자로 채용되어 5년 동안 열심히 했어요. 그러던 어느 날, 자꾸 퇴보하고 있다는 생각이 들었습니다. 매일 반복되는 회사일 말고 진짜 내가 원하는 일, 다른 일을 하고 싶다는 생각이 들었어요. 이 과정에서 내가 어렸을 때부터 좋아했던 교사의 꿈이 스멀스멀 올라왔고, 신입사원 교육 당시 외부에서 초청된 기업 강사가 갑자기 생각났습니다. 기업 생활도 해봤으니 나도 가능할 거라는 생각이 들었죠. 그러면서 교육산업에 대해서도 알아봤는데, 제 또래의 강사도 많더라고요. 그러면서 퇴사까지 이어졌죠.

처음 3개월은 아주 힘들었어요. 4대 보험도 안 들어 있지, 다음 달소득도 정해진 게 없지… 퇴직금이 있어서 그나마 다행이었지만, '내가 왜 그런 결정을 했을까' 후회가 되기도 했어요. 특히 힘들었던 점은 기업에서는 내가 맡은 부분에 대한 것만 책임지면 됐는데 프리랜서가 된 이후에는 세금처리, 마케팅, 홈페이지 작업, 상담, 자료조사, 세금계산서까지 다 직접 해야 하니까 퇴사 전에 하고 싶어 했던 일을 할 시간은 정작 많이 없다는 점이었어요. 그래도 4개월 차가 지나고부터는 조금씩 소소한 수입이 생겼어요. 꾸준히 올린 블로그나 무작정 뿌려댔던 프로필을 보고 교육회사에서 강의 요청이 하나둘 오기 시작했죠. 또 회사 다닐 때 같은 팀에 근무했던 선배가 연결해주기도 하고, 가끔 안부를 주고받던 친구가 교육기회를 주기도 했어요.

현재 수입은 대기업 다닐 때 연봉보다는 조금 낮지만, 처음의 걱정과 후회는 많이 줄었어요. 줄어든 수입만큼 늘어난 자유가 있다는 것도 좋고, 회사를 떠나서도 생존할 수 있다고 생각해요. 지금까지의 짧은 경험을 바탕으로 앞으로는 조금씩 더 나아질 거라고 생각해요. 특히 자생력을 갖추어 가고 있다는 점이 매우 뿌듯합니다. 내 장래는 더 밝다고 생각하고요.”

두 사람과 인터뷰를 하면서 프리랜서는 적극적으로 일을 찾아내고 사회에서 자신의 가치를 직접 증명하고 만들어가는 다소 험난한 직업군이라는 생각이 들었다. 그러나 항구에 묶여있는 게 배의 목적이 아니듯, 우리 역시 존재 목적에 따라 때로는 프리랜서의 삶을 선택해야 할 때가 있다.

직장인이지만, 본인은 정작 직장인임을 거부하며 1인전문가로 차별화하는 사례도 있었다.

명문대를 졸업한 뒤 S텔레콤, N이버, K카오, 글로벌 최고기업 G사와 A사 등 총 일곱 번의 이직을 통해 빠르게 억대 연봉에 진입한 IT가이 K씨. 세계 최고의 회사에서 계속 채용 제의가 들어오는 그는 이렇게 말한다.

“자신에 대한 믿음이 있으면 뭐든 돼요. 저는 제가 직장인이라고 생각하지 않아요. 회사는 제 결과물을 활용하는 슈퍼마켓에 불과한 거고, 저는 매력적인 생산물인 거죠. IT는 3~4년마다 근본적인 변화가 계속 일어나니까 오늘 좋은 회사가 2년 뒤엔 망하기도 하고 그래요. 그래서 조금 빨리 트렌드를 읽고 움직이려고 해요. 솔직히 저는 개인적으로 어느 기업에서도 잘할 수 있다는 믿음이 있었어요. 그래서 한 조직에 오래 있기보다는 내 가치도 인정받고 직급도 높일 수 있는 방법을 택했죠. 직급이나 연봉협상도 잘했고요.

직업을 선택할 때 자기 자신에 대한 믿음을 어느 정도 가지고 있으면 안정성보다 좀 더 현실적인 보상이나 높은 포지션 등 좋은 선택을 할 수 있는 여지가 많은 것 같아요. 불안한 마음을 갖지 말고 이직을 당연하다 생각하면 좋겠어요. 그래서 평상시 관심을 가지고 정보를 알아보고 계속 시도해보는 것이 현명할 것 같아요."

인터뷰 도중에도 K씨는 매우 활력이 넘쳤고, 자신의 능력에 대한 믿음과 자기효능감이 강했다. 명문대학을 졸업한 뒤 최고의 경력을 쌓아가고 있으니 충분히 그럴 만했다. 게다가 산업의 추세를 볼 수 있는 눈까지 있으니, 안개를 뚫고 자신만의 길을 만들어나가는 듯했다. 그러나 충분한 자존감이나 미래의 변화를 제대로 판단할 수 있는 눈을 갖지 못한 경우도 많다. 그렇다고 계속 회사에 기대어 일해야 할까?

11년간 IB(Investment Bank) 부문에 몸담은 뒤 경영 코치로 활동하는 C씨는 이렇게 말한다.

"이럴 때일수록 내가 잘할 수 있는 일, 내게 맞는 일을 해야 한다고 생각해요. 경제가 어렵잖아요. 기업도 언제 어떻게 될지 모르는 게 현실이에요. 솔직히 내가 잘하는 일을 해도 성공하기 어려운데, 잘 못하거나 내게 맞지 않는 일을 하면 결과는 뻔해요. 회사가 날 내보내던지, 내가 도저히 못 버텨 나가던지 둘 중 하나죠. 내가 충분히 몰입할 수 있는 방향을 선택하고 시간을 투입하면 자연스럽게 전문성이 생겨요. 1만 시간의 법칙이라고 있잖아요. 그런데 실제로 1만 시간을 투입하려면 시간은 물론 상당한 에너지와 정성이 필요해요. 그러려면 내 일을 즐기고 사랑할 수 있어야 해요.

저는 회사 다닐 때 그러지 못했던 것 같아요. 일은 하라는 대로 잘했지만 종일 모니터만 보고 있는 게 지겹고 때로는 내 인생이 아깝다는 생각이 들기도 했어요. 뭔가 살아있다는 느낌도 부족했고요. 물론 오랜 시간이 지나니까 자연스레 일의 전문성이 생겼죠. 금융 관련 강의와 경영코치를 하다 보니 느껴요. '아, 그때의 나는 조직 내에서 소통하고 다양한 관계를 맺으면서 뭔가를 새롭게 만들어내는 사람이었구나.' 그때는 그런 요소가 부족했던 것 같아요. 다행이랄까, 퇴사 후 1년 만에 이전에 받던 연봉보다 더 많이 벌었죠. 무엇보다 행복하고 재밌어요."

더 잘하고
싶다면?

생존을 넘어 경제적 자유를 획득한 프리랜서들의 조언 중 공통된 다섯 가지를 묶어보았다. 최소한 아래 다섯 가지만 잘 챙겨도 여러분의 프리랜서 도전은 충분히 해볼 만할 것이다.

첫째, 자신의 전문성을 구체적으로 정의해본다.

성공적인 프리랜서들은 대부분 독립 이전에 관련 경험을 쌓았다. 경력이 아닌 취미나 관심 분야 등으로 계속 가까이한 경우도 있다. 즉, 어딘가에 종속되지 않고 자율적으로 일하는 프리랜서가 되기 위해서는 자신의 전문성을 먼저 정의해보아야 한다. 나는 언제 가장 몰입하는가? 나는 어떤 부분에서 남들보다 조금 더 뛰어난가? 남들보다 최소한의 노력을 들이고도 비교적 우수한 성과를 낼 때는 언제인가? 그리고 그렇게 정의된 자신의 전문성에 돈을 지급하는 시장이 있는지도 파악해보자.

둘째, 이루고자 하는 최고 수준의 목표를 구체적으로 적어본다.

프리랜서를 고민하는 상담자들을 잘 관찰해보면 프리랜서로서 무엇을 이루고 싶은지 구체적이지 않은 경우가 많았다. 성공한 사람들은 대부분 '생각'의 힘을 매우 크게 친다. '할 수 있다고 생각하든, 할 수 없다고 생각하든, 당신의 생각대로 이뤄진다'는 헨리 포드의 말처럼, 무엇을 이루고 싶은지 생각하고 정의해볼 필요가 있다.

프리랜서로서 자유로운 노동을 꿈꾼다면 이상적인 목표를 구체적으로 생각해보고 적어볼 필요가 있다. 눈에 보이지 않는 생각은 때로는 잡생각으로 범벅된다. 따라서 내가 원하는 것을 글로 적는 행위만으로도 이미 많은 것들이 정리되고, 나도 모르게 목표가 가슴속에 박힐 것이다. 이때 원하는 수익의 수준과 수익이 들어오는 형태, 만날 사람들과 나의 모습 등을 최대한 구체적으로 적어볼 것을 추천한다.

셋째, 마케팅부터 영업까지, 온오프라인 영업 로드맵을 그려본다.

1인 스마트스토어나 영상편집, 강사 등 무엇을 하건 1인사업가는 고객이 나를 찾을 수 있도록 적극적으로 알려야 한다. 그러기 위해서는 자신의 분야에 대해 잘 알아야 함은 물론 상대적으로 작은 생태계를 가진 자신을 잘 브랜딩해야 한다. 홈페이지와 블로그 등을 비롯하여 각종 SNS와 유튜브까지 꾸준히 브랜딩하기 위해서는 충분한 경험과 노하우에서 우러나는 신뢰와 전문성이 필수다. 따라서 공부도 계속해야 한다. 또한 관련 생태계에서 나를 활용할 수 있도록 관련 기관이나 플랫폼과의 적극적 영업과 아웃바운드 마케팅 활동도 필수다.

넷째, 거절에 익숙해진다.

프리랜서는 회사가 곧 나고 내가 곧 회사다. 그렇기에 한 조직의 소속원으로 있을 때보다 실패의 상처는 더 크게 다가온다. 굴지의 대기업도 실패하는 마당에 프리랜서가 어찌 실패가 없을까? 수많은 실패와 거절이 앞으로도 펼쳐질 것이다. 넘어진 사람이 바로 그 자리에서 뭐라도 짚고 일어나듯 실패와 거절에 익숙해지고 또 넘어서야 한다.

또한 고정적이지 않은 수입에 견딜 수 있어야 한다. 특히 나를 상품화하는 과정에도 몇 개월씩 소요될 수 있으므로 초반에 버틸 수 있는 경제적 안정성이 꼭 확보되어야 한다. 현재 어느 곳에 종속되어 일하고 있는 경우에는 퇴사하기 전에 사업자등록이나 기타 세무적 필요사항, 자금계획 및 비즈니스 계획 등을 마련하고, 점진적으로 위험을 축소해 나갈 것을 권장한다. 어느 정도 궤도에 올라선 이후에도 불안은 계속될 수 있지만, 그때는 내 분야의 지식을 공부하거나 축적하는 시간으로 활용하는 등 나만의 불안 해소 방법을 마련해야 한다.

다섯째, 누구도 시키지 않는 나만의 철저한 루틴을 반복할 각오를 해야 한다.

잘나가는 프리랜서들은 엄격한 본인만의 루틴을 지니고 있으며, 매우 부지런하고 계획적이다. 스스로 뛰지 않으면 아무것도 얻어지지 않는다는 생존의 본능은 물론 기본적으로 진취적 성향을 타고난 사람들이다. 그래서 가만히 있지 않고 무엇을 성취해 나가는 데 희열을 느낀다. 그러면서 자연스럽게 본인만의 체계화된 일상의 루틴이 완성된다. 세무부터 마케팅까지 모든 것을 알아서 해야 하는 것이 프리랜서다. 자칫 나태해질 수 있는 시간을 잘 조직화해서 활용해야만 성공할 수 있다. 프리랜서에게 게으름은 용납되지 않는다.

Part 4

인생직업 04
유튜버

유튜버 이야기

20대부터 30대까지 유튜버 20명을 대상으로 진솔하게 인터뷰를 진행했다. 다음 이야기를 통해 유튜버의 강점과 약점을 살펴보자.

강점

유튜버 A: 취미로 먹고살기, 덕업일치의 최종판이다. 3년간 회사생활도 해봤지만, 시간적으로는 비교할 수 없을 만큼 자유롭다. 평일 브런치나 늦잠 등 어떤 것이든 남의 눈치 볼 것 없다. 단, 타인의 눈치는 안 봐도 내 몸뚱이를 내가 건사하려면 뭔가 해내야 한다. 다행히 내가 좋아하는 주제로 구독자를 늘릴 수 있다는 건 매우 감사한 일이다. 물론 유저로서 게임을 하는 게 아니라 마이크에 대고 설명하고 화면마다 공유하는 것은 또 다른 노동이다. 그래서 게으른 사람은 잘할 수가 없다.

크리에이터들을 만나보면 다들 정말 부지런하다. 매일 고민하고 매일 생각한다. 표면적으로 화면에서 보이는 것처럼 즐기면서 하는 사람은 소수다. 목표가 되고 생계의 수단이 되는 순간, 게임이나 놀이 또한 치열한 경쟁이라고 생각해야 한다. 쉬운 건 없다. 크리에이터도 마찬가지다.

유튜버 B: 유튜버는 먹방, 뷰티, 리뷰, 게임, 운동, 브이로그, 교육, 스포츠, 노래 및 ASMR 등 다양한 분야의 콘텐츠를 다룬다. 그리고 직업 행복의 만족도가 매우 높다. 본인의 취미나 관심 분야를 다룬다는 점에서 그렇다. 또 시간과 공간에 구애받지 않고 누군가에게 종속되어 일하는 게 아니라는 점에서 최근의 직업 트렌드에 가장 맞는다.

유튜버 C: 27세의 패션 크리에이터. 직장생활을 하면 20년 뒤 아파트 한 채를 살 만한 여력이 생길까 말까라고 들었다. 하지만 나는 지금 연 3억 원을 번다. 능력에 따라 보상을 받을 수 있는 것이 유튜버의 가장 큰 매력이라 생각된다.

유튜버 D: 모든 것을 내 의지와 생각대로 할 수 있는 자유로움이 좋다. 관심 분야를 선도하고 있다는 느낌이 든다. 10만 구독자를 보유하고 있는 인플루언서로서, 광고도 많이 들어온다.

약점

유튜버 A: 아이디어부터 콘텐츠 그리고 메이킹까지 아무것도 없이 시작하는 건 힘들다. 유튜브로 유명해지기는 어렵지만 유명해지고 나면 유튜브로 성공할 확률이 매우 높다. 따라서 유튜버가 되어야지가 아니라 타인이 관심을 가질 만한 어떠한 재능^(ㄲ)이 내게 있는지 먼저 생각해보는 게 좋을 것 같다.

유튜버 B: 구독자가 10만이 되면 월 평균 250만 원 정도 선으로 수입이 측정된다. 조금 더 높은 수입을 원한다면 구독자 100만 유튜버가 되거나 다른 방법을 찾아야 한다. 촬영도 하고 콘티도 짜고 편집도 하려면 매우 바쁘다. 유튜브도 결국 1인전문가이기 때문에 노동의 한계에서 벗어나기는 힘들다.

유튜버 C: 방송을 통해 수익을 내는 점에서 인터넷방송계의 현실과 비슷한 면이 많다. 공영방송사나 인기 연예인들까지 너도나도 개인TV를 만드는 게 대세다. 취미가 아닌 본업으로 하고자 한다면 각오를 단단히 하고 뛰어들어야 한다.

유튜버 D: 악플, 인신공격, 외모 지적까지 다양한 사람들과 마주해야 한다. 마음이 약한 사람들은 큰 상처를 받을 수 있다.

유튜버 E: 이제 연예인들까지 유튜브 방송에 뛰어들면서 일반인이 유튜브로 돈을 버는 건 맨땅에 헤딩이라 할 만큼 레드오션으로 보여진다. 꾸준하게 1년 이상 할 자신이 없다면, 자신만의 차별화된 콘텐츠가 없다면 그냥 직장생활하는 것이 편할 것 같다.

인터뷰 후 느낀 점

최근 너도나도 직업으로서 유튜버를 고민한다. 취업포털 사람인에서 성인 남녀 3,500명을 대상으로 조사한 결과에 따르면 63%가 유튜버에 도전할 의향이 있다고 밝혔다. 그 이유를 살펴보면 '관심 있는 분야를 직업으로 할 수 있어서'라는 응답과 '재밌게 할 수 있을 것 같아서'라는 응답이 주를 이루었다. 이 밖에 '직장인 월급보다 많이 벌 것 같아서' 그리고 '평생직업으로 할 수 있을 것 같아서' 등의 이유가 뒤를 이었다.

하고 싶은 콘텐츠로는 '일상'을 택한 사람이 월등히 많았고 '게임'과 '먹방', '요리' 등이 뒤를 이었다. 또 유튜버로서 원하는 수입은 평균 월 396만 원 정도로 나타났다. 구독자를 10만 명 이상 모아야 가능한 수준인데, 실제 국내 유튜브 채널 현황은 어떨까? 한국인 유튜브 채널 중 10만 명을 넘는 곳은 해마다 두 배씩 빠르게 증가하고 있으며, 2019년은 5,000여 명이 넘을 것으로 보인다.

누구나 꿈꾸는 유튜버지만 인터뷰를 통해 조사한 결과 부작용과 심리적 압박도 엄청났다. 구독자 26만 8,000여 명을 보유한 한 게임 콘텐츠 유튜버는 한 달을 쉬면 조회 수를 회복하는 데 1년이 걸린다고 말하기도 했다. 크리에이터는 본인 자체가 콘텐츠가 되고, 일부를 제외하고는 운영부터 모든 것을 혼자 책임져야 하기에 할 일이 매우 많다.

한 심리학 전문가는, 크리에이터의 활동방식은 인간의 생체 리듬에 맞지 않는다고 경고했다. 사람은 낮에 일하고 밤에 휴식을 취하며, 더위나 추위 등 기후환경에 맞춰 생산 활동을 조절하는 데 익숙한데 크리에이터는 정해진 노동시간도 없고 시공간의 제약도 없다 보니 번아웃에 걸리는 경우가 허다하다고 한다.

그러나 크리에이터는 생계와 자아실현이 거의 동시에 이루어질 수 있다는 점에서 매우 좋은 직업의 형태라 할 수 있다. 따라서 이 책에서도 5대 인생직업의 하나로 유튜버를 소개한다.

누가
잘할까?

"취업절벽 시대…우리 아이 유튜버로 키워볼까?"

한 언론사의 기사 제목이다. 유튜버는 요즘 아이들이 꼽는 장래 희망 직업 베스트3에 꼭 들어갈 정도로 인기다. 심지어 유튜버 진로 교육도 생기고 있다. 이제 막 태어나 엄마의 품에 안기기도 전에 스마트폰으로 사진부터 찍히는 지금의 세대는 스마트폰을 엄마 그 이상의 존재로 여길 정도로 일어나서 잠들기 전까지 스마트폰과 함께한다. 유튜버는 연예인이 아니더라도, 잘생기지 않아도, 노래를 잘하지 않아도 되고, 잘 놀고 잘 먹기만 해도 돈을 번다는 얘기가 속속 들리고 있다. 그러니 초등학생들도 직업 선택에 혜안이 있다고 볼 수 있다.

그러나 과연 생각처럼 쉬울까? 이를 대학 입시와 비교해보자. 매년 대입에 응시하는 수험생은 50만 명 정도다. 그중에서 서울대, 고려대,

연세대의 입학정원은 매년 1만 명 정도다. 즉 50명 중 1명은 SKY에 들어갈 수 있다. 하지만 50명의 유튜버를 무작위로 골랐을 때 충분히 안정적인 삶을 살아가는 사람은 몇이나 될까? 50명 중의 1명 정도는 충분한 인지도와 안정적 삶을 누릴 수 있을까? 물론 그렇지 않다. 깊게 생각해볼 문제다.

그러나 유튜버를 필두로 하는 1인크리에이터는 최근 가장 수요가 많은 시장이다. 따라서 경쟁에서 우위를 점할 수 있다면 그만큼 직업으로서 매력이 충분하다. 충분한 수요가 있다는 것은 다양한 기회와 보상의 여지가 있다는 말이기 때문이다. 특히 내가 관심 있는 분야를 기반으로 콘텐츠를 만들고 커뮤니티를 형성한다는 측면에서 보면 매우 바람직한 인생직업이 아닐 수 없다.

인터뷰를 통해 공통으로 뽑은 유튜버의 직업 행복 요소는 아래와 같다.

첫째, 자발적 노동으로 최고의 자유를 보장한다.

MZ세대(1980년대 초~2000년대 초 출생한 밀레니얼 세대와 1990년대 중반~2000년대 초반 출생한 Z세대를 통칭하는 표현)에게는 누군가에게 종속되어 비자발적 노동을 하는 그 자체가 괴로움이다. 자유의지가 충만하고 개인성향이 뚜렷한 사람일수록 개인적으로 작업물을 만들어내는 직무가 적합하다. 그런 측면에서 자신을 또렷하게 인지하고 구체적 자아를 가진 사람일수록 종속된 관계가 아닌 자유로운 노동을 선택하는 것이 행복도가 높다고 볼 수 있다.

둘째, 잘하는 만큼 보상이 따라온다.

크리에이터는 성과지표가 명확하다. 내가 만든 영상을 더 많은 사람이 볼수록 채널의 가치는 높아진다. 실시간으로 조회수와 좋아요 숫자를 확인할 수 있기 때문에 비교적 인풋$^{(input)}$과 아웃풋$^{(output)}$이 명확하다. 다른 것 신경 쓸 필요 없이 내가 잘하는 만큼 그에 따른 보상이 주어지니, 아주 명확한 시스템이라고 할 수 있다.

셋째, 내가 관심 있는 분야를 기반으로 일할 수 있다.

동물이라면 동물, 책이라면 책, 요리라면 요리…. 각자가 좋아하고 관심 있는 분야는 다르다. 유튜버는 나에게 호기심과 열정을 불어넣어주는 주제와 소재를 바탕으로 콘텐츠를 제작하기 때문에 비교적 업무 스트레스가 약하다. 자기가 좋아하는 것을 직업으로 삼는 사람이 얼마나 될까? 이런 측면에서 유튜버는 그 자체로 행복도와 만족도가 높은 직업이라고 볼 수 있다.

그러나 유튜브는 개인방송의 한 부류이기 때문에 콘티부터 영상 촬영, 편집 및 업로드 전 과정을 단독수행해야 한다는 게 어려움이다. 또 밤낮을 가리지 않고 반 의무적으로 콘텐츠를 생산해야 한다는 점에서 조직이 없는 회사생활과 비슷한 면모도 가지고 있다. 오히려 기본 월급이 없는 성과 기반의 직업이라 할 수 있으므로, 시작 단계에서 다소 부담이 앞서는 것이 사실이다. 최근 유튜버의 번아웃에 대한 많은 기사가 나오고 있는 것도 이 때문이다. 많은 유튜버가 정신적 고통을 호소하자 수전 워치츠키 유튜브 CEO는 유튜버들에게 '휴식'을 권고하기도 했다.

더 잘하고
싶다면?

영상 콘텐츠가 급속히 늘어남에 따라 양질의 콘텐츠 제작은 필수다. 무턱대고 촬영한 영상은 눈높이가 높아진 시청자에게 외면받기 십상이다. 제작자로서 성공하기 위해서는 아래와 같은 사항을 점검해보아야 한다.

첫째, 공통의 관심사를 찾아낼 수 있는가?

콘텐츠 경쟁이 심화함에 따라 앞으로는 더욱 고퀄리티 콘텐츠가 주목받을 확률이 높다. 같은 주제라 하더라도 다양한 공감대를 형성하고 스토리텔링이 된다면 콘텐츠 생산능력이 어느 정도 갖추어졌다고 볼 수 있다. 당장 펜과 노트를 들고 내가 관심 있는 분야/갈래 후보군을 정해보고, 어떤 주제로 계속 영상을 만들어갈 수 있는지 리스트화해 보자. 그리고 조금 더 이 직업에 마음이 기울었다면 그 콘텐츠를 중심으로 하는 커뮤니티에 가입해 다양한 관심사 등을 한번 점검해보는 것도 좋겠다.

둘째, 노력과 결과가 비례하지 않는다는 점에 동의하는가?

유튜버 역시 일반 사업가와 같다. 열심히 노력하고 밤을 새웠음에도 그 보답이 보장되지 않는 것이 현실이다. 한 시간 일해서 10만 원을 벌 수도 있지만 10시간을 일하고도 만 원도 못 벌 수 있다. 구독자 0명부터 시작해서 막연함과 무모함을 견디고 꾸준히 할 수 있는 용기와 추진력이 필요하다. 최소 3만 명 구독 이상은 되어야 유튜버로 몰빵할 수 있는 수익이 겨우 생성된다. 하지만 그마저도 불확실하다면, 당신은 어떻게 하겠는가?

셋째, 영상편집부터 디자인 능력까지 고루 갖추었는가?

최근 콘텐츠들의 수준이 매우 높기 때문에 어느 정도 영상편집과 디자인은 필수다. 따라서 내가 그런 능력을 갖추었는지 혹은 디자이너를 고용할 능력과 기회가 있는지 점검해보자. 또한 시청자들이 이제는 고화질 영상을 선호하기 때문에 최소한의 촬영장비가 필요할 수 있다. 비싼 장비가 아니더라도 좋으니 나의 콘텐츠를 잘 포장해줄 수 있는 환경이 갖추어졌는지 점검해보자. 이를 다 소화할 수 있는 시간 및 체력 관리도 필수다. 10만 구독자 이상의 크리에이터들을 인터뷰해본 결과, 이들은 모두 자기 관리에 매우 철저했다. 자발적인 출퇴근 및 업무 시간대를 정해두고, 일정한 루틴에 따라 콘텐츠를 기획하고 생산했다. 규칙적 운동을 통해 일과 삶의 균형을 잡는 데도 매우 관심이 많았다.

넷째, 방송수익 이상의 계획을 고민했는가?

실제로 만족할 만한 수익을 내는 유튜버는 많지 않다. 10만 구독자 이상의 유튜버를 인터뷰하다 보니 오히려 유튜브의 수익을 부가적으로 생각하고 그 외의 수익 채널을 고민한다는 공통점이 있었다. 따라서 유튜버가 되기 위해서는 유튜브 외의 다양한 수익모델까지 같이 점검해야 한다. 책, 강연, 세미나, 제휴/협찬 등 인플루언서에게는 다양한 기회가 주어지므로 각자 자신에게 맞는 모델을 적극적으로 찾아보는 게 좋다.

다섯째, 시청자와 소통하고자 하는 진정성을 지녔는가?

시청률이 오르고 구독자가 늘어나면 아무래도 구설에 오르기 쉽다. 행동은 더 조심해야 하지만, 이런 과정에서 비판받을 만한 행동 등이 동시에 노출되기 쉬우므로 타격은 더 크다고 할 수 있다. 또한 악성 댓글, 외모 지적 등 다양한 온라인상 폐해를 고스란히 개인이 짊어지기 때문에 이에 대한 심리관리도 필수다. 결국 핵심은 유튜브를 통해 타인과 진실하게 소통하겠다는 초심을 계속 유지할 수 있는가 하는 것이다.

유튜버를 전업으로 고민하는 분들에게

콘텐츠 창작자로서 도전한다면 먼저 작게 시작해서 가능성을 점쳐볼 필요가 있다. 제작자는 콘텐츠, 구독자, 타깃 및 영상 등 복잡하고 다양한 요소와 알고리즘이 존재하기 때문에 전업으로 이를 시작하는 것은 위험할 수 있기 때문이다. 유튜브의 진입장벽이 낮은 점을 이용,

일단 도전해보는 거다. 그러면서 유튜버가 지녀야 할 자질도 점검해보고 지속가능성도 타진해보아야 한다.

제2의 직업을 고민하는 분들에게

크리에이터로의 전직을 희망한다면 우선 현재의 직업과 크리에이터 업무를 병행하는 것을 추천한다. 현업에서 습득하는 최신 트렌드와 정보를 기반으로 콘텐츠를 기획하면 구독자의 눈길을 끌기가 더 쉽다. 또는 주말을 활용해서 한두 개씩 영상을 기획/제작해보자. 회사와 크리에이터의 겸직과 관련해서는 아래 내용을 참고하자.

※ 유튜브 부업, 겸직 금지 위반인가?

헌법에서는 직업의 자유를 보장하고 있고, 유튜브 활동은 사생활 범주에 속하기 때문에 기업 질서를 해치거나 노동력 제공에 지장이 없는 한 겸업을 금지할 수 없다. 따라서 겸업 금지 조항이 있다고 하더라도 이를 바탕으로 징계를 내릴 순 없다. 하지만 겸업으로 인해 근로시간에 영향을 줄 때는 징계가 가능하다. 아직 유튜버에 대한 대법원 판례가 없으므로 회사들도 조심스러울 것이다. 당연히 회사의 취업 규칙보다 헌법이 우선이기 때문에 '직업의 자유'를 우선해서 해석해야 한다. 다만 콘텐츠에 회사의 기밀을 담거나 회사의 명예를 실추시키지 않도록 유의해야 한다.

공무원이라면 별도로 인사혁신처의 지침과 내부규정을 잘 살펴보아야 한다. 기본적으로 공익적 활동에 어긋날 가능성이 존재하기 때문이다. 인사혁신처의 기본방침에 따르면 직무와 관련 없는 취미, 자기계발 등 사생활 영역의 방송 활동은 원칙적으로 규제 대상이 아니다. 직무와 관련된 방송 활동의 경우 소속 부서장에게 사전에 보고하고 홍보부서와 협의를 거치면 문제가 없다. 단, 특정 상품을 광고하거나 금전적 후원을 받는 행위는 허용되지 않는다. 만약 공무원이 인터넷 개인방송 활동으로 각 플랫폼에서 정하는 수익창출 요건을 충족하고, 이후에도 계속 개인방송 활동을 하고자 할 때는 소속 기관의 장에게 겸직 허가를 신청해야 한다.

Part 5

인생직업 05
전문직

전문직
이야기

30대부터 40대까지 전문직 20명을 대상으로 진솔하게 인터뷰를 진행했다. 그들의 이야기를 통해 전문직의 강점과 약점을 살펴보자.

* 전문자격증은 정부 부처에서 주관하는 자격증으로 변호사, 공인회계사, 공인노무사, 세무사, 관세사, 법무사, 감정평가사, 경영지도사, 기술지도사, 물류관리사, 보험계리사, 손해사정사, 공인중개사, 주택관리사, 행정사와 이공계 각 분야 기술사 등 여러 종류가 있다. 이 책에서는 주로 대입을 통해 결정되는 의사, 한의사를 제외하고 회계사, 변호사, 세무사, 노무사, 법무사, 감정평가사, 변리사, 관세사, 약사(2023년 PEET 폐지 예정) 등을 대상으로 한다.

강점

세무법인 대표 세무사: 전문직은 10년 공부해서 붙어도 성공이다.

세무사로 일하다 보니 해고나 권고사직으로 하루아침에 갈 곳을 잃은 직장인들을 많이 만난다. 특히 요즘 같은 불경기에 자영업자들을 가까이에서 보고 있노라면 한숨이 절로 나오기도 한다.

많은 분이 늦게라도 세무사를 따고 싶은데 괜찮겠느냐고 물어보곤 한다. 나는 항상 그렇게 말한다. 10년을 공부할 수 있는 시간이 있다면 꼭 도전해보라고. 지금 내 나이는 40세. 3년 동안 공부해서 세무사에 합격한 뒤 8년이 흘렀다. 간혹 40대에 합격해서 성과를 내는 분들을 보면 어린 나이에 합격해야만 값어치가 있는 것은 아닌 것 같다. 전문자격증은 그 영역이 확실히 보장되어 있다. 일을 계속할 수 있다는 가정하에 보면 전문자격증은 배타적 경제수익을 어느 정도 국가가 보장하는 강력한 무기다.

변호사: 차가 바뀌고 집이 바뀌는 풍경.

전문자격증은 전문성을 가진 소수에게만 자격을 부여해서 그에 관한 사업을 할 수 있도록 하는 것이기 때문에 다른 무한경쟁 시장과 달리 확실히 보호받는 시장이다. 물론 그 안에서의 경쟁도 있고, 취득이 어렵기는 하지만 일단 합격하고 3~4년 적응 기간이 지나면 차가 바뀌고 사는 집이 바뀌는 게 일상적인 풍경이다.

많은 직업이 사라진다고 한다. 하지만 변호사를 포함한 전문자격증은 비교적 안정적이다. AI가 도입되면 변호사는 그 AI를 활용하면 된다. AI가 도입됐다고 해서 변호사의 업무가 일반인에게 넘어가지는 않는다. 변호사는 현재 로스쿨로만 취득할 수 있지만, 그 외에 다른 자격증도 눈여겨볼 만하다. 실제로 드문 경우지만 직장생활을 하면서 변리사나 노무사 공부를 병행해 합격한 예도 있다. 주 52시간제 도입, 일과 삶의 균형, 야근 축소 등 직장인의 여가가 늘어난 덕분이다. 연차 휴가, 휴직 등을 잘만 활용한다면 직장인도 충분히 도전해볼 만하다.

외국계 기업 공인노무사: 전문자격증은 삶의 선택권을 넓혀준다.

사람의 앞길은 아무도 모른다. 직업도 그런 것 같다. 기업을 8년 다닌 후 퇴사해 노무사 자격을 얻었다. 처음에 직장인이 싫어 법인을 차렸는데 만만치 않았다. 특히 사람에게 싫은 얘기 못 하고 영업이 체질상 맞지 않는 나에게는 오히려 직장인이 편했다. 그래서 직장인을 선택했다. 이럴 때도 자격증은 빛을 발한다. 기업이든 다른 곳이든 탄탄한 수요가 있으니 어떤 직업을 택할지 내가 고를 수 있다. 물론 자격증이 있다고 해서 모든 것이 다 이뤄지는 것은 아니지만 비교적 쉬운 것은 사실이다. 남들보다는 조금 길게, 4년을 공부해서 합격했는데 걱정이 많았다. 다행히 퇴직금도 있었고 아내가 직장생활을 하고 있었기 때문에 공부에 몰입할 수 있었다. 그때는 아찔하고 힘들었지만, 지금 생각해보면 탁월한 결정이었다.

나 검사: 직업을 통해 얻는 사명감과 주인의식. 힘든 가정형편 속에서 애써왔던 6년 동안의 쓰라린 수험기간이 준 평생의 선물이다.

신 약사: 아직 열려있는 마지막 관문 PEET. 도전하라. 그럼 얻을 것이다.

구 회계사: 연봉 1억을 버니 2억을 벌고 싶고, 2억을 버니 5억을 벌고 싶다. 이게 가능한 목표인 게, 내가 회계사여서일 거다.

장 세무사: 자영업자와 직장인의 세무업무를 도와주다 보면 내가 얼마나 경제적으로 안정됐는가를 새삼 느낀다.

김 관세사: 한 분야에 정통했다는 자부심이 높고, 안정성이 크다.

유 미국공인회계사(AICPA): 날 필요로 하는 수요가 항상 있다는 점에서 안정적이다.

약점

김 변호사: 업의 특성에 따라 다르겠지만, 업무 강도는 아주 높다. 환경도 다양하다. 마주하게 되는 클라이언트들의 수준도 늘 다르다. 때로는 고성과 분노를 견딜 수 있어야 한다.

강 검사: 과도한 업무의 반복이다. 숙명이라 생각하면서도 가끔 혼자 투덜대기도 한다.

손 노무사: 평균 2년이 넘는 긴 수험기간을 생각하면 쉽게 권하기는 힘들다.

차 약사: 병원에도 을, 고객에게도 을이다. 소화제 한 개 판매하려고 밥을 먹다가 중간에 삼키는 일이 하루에도 몇 번씩인지 모르겠다.

박 교수: 당연히 되면 좋은데, 빛을 발하려면 그만큼 더 공부하고 노력해야 한다. 그럼에도 교수직을 얻지 못하는 위험 부담도 크다. 그리고 운도 중요하다.

허 변호사: 사업적인 마인드와 고객 사랑이 없으면 지속하기 힘들다.

김 세무사: 분명 전문직이지만 개업을 하고 보면 결국 허울 좋은 영업인이다.

인터뷰 후 느낀 점

전문직은 불확실에 대한 확실한 보상이다. 평균 수명이 길어지면서 정년 이후의 직업에 관심이 커지다 보니 직장인들도 전문자격증에 도전하고 싶다는 상담을 많이 청하곤 한다. 전문자격증은 정년이 따로 없다는 점, 해가 갈수록 전문성이 쌓인다는 측면에서 최고의 커리어 패스라 여겨진다.

그러나 전문자격증 준비는 시간과 불확실에 대한 투자가 필수다. 로스쿨 제도로 전환된 변호사 시험은 물론 2~3차 관문을 뚫고 경쟁해야 하는 회계사, 노무사, 관세사 등은 모두 어느 정도 절대적 공부 시간이 필요하다. 그럼에도 불합격의 가능성이 매우 높다.

하지만 일단 합격하면 영역별로 배타적 활동 허가를 획득하게 된다. 즉 독보적인 경쟁력을 갖추게 된다. 동네마다 몇 개씩 있는 치킨집 등의 요식업이나 온라인 쇼핑몰 등과 같은 무한경쟁 시장과는 차원이 다른, 비교적 수요층이 안정된 시장에서 직업 활동을 지속할 수 있다.

비교적 빠른 나이에 전문자격증 공부에 뛰어들어 합격한 한 회계사의 사례를 들어보자.

#공인회계사 A씨 합격 후기

"명예퇴직하시는 아버지를 보니 문과생은 취업해도 끝이 아니겠다는 생각이 들더라고요. 대학교 2학년 때였어요. 한 대기업에서 25년 이상 프라이드를 갖고 근무해오셨기에 우리 가족은 적잖이 충격을 받을 수밖에 없었어요. 그러잖아도 문과생은 회사에 들어가도 살아남기 힘들다는 얘기를 많이 들어서 취업이 끝이 아니다라는 생각이 많이 있었죠. 그런데 대학교 4학년 1학기 때 우연히 학교에서 공인회계사 합격 플래카드를 보고 관심을 갖게 됐어요. 늘 남의 얘기일 거라고 생각했는데, 같은 학교 같은 과의 합격자들을 보면서 나도 할 수 있겠다는 뭔지 모르는 의지가 생겼죠.

물론 처음에는 고민이 많았어요. 먼저 커뮤니티에 가입해서 합격수기를 20개 이상 읽어봤어요. 평균 3~4년 정도 수험기간 이후에 합격하는 것 같았고, 잘못하면 5년 이상 공부만 해도 떨어질 수 있다는 생각이 들었거든요. 그러다 문득 재취업이 안 되는 아빠 생각이 났어요. 한 살이라도 젊을 때 방황하는 게 낫겠다는 생각이 들더라구요. 그래서 부모님께 말씀드리고 취업 준비 대신 수험생활을 시작했어요. 학교에서 공부하면서 최대한 부대비용을 줄였어요. 하루에 순수 공부 시간만 10시간 이상을 꾸준히 지켰죠. 인강, 실강, 스터디 등 계획표에 따라 공부해나갔어요. 그렇게 3년 반 만에 합격했어요."

우리가 불안한 이유는 무언가 한 방이 없기 때문이다. 취업이 안 되거나, 이직이 안 되거나, 일자리가 없는 것을 고민하는 이유도 안정적인, 즉 '지속 가능한' 한 방이 무엇인지 정의가 되지 않았기 때문이다. 이게 정말 힘든 것이, 필요로 하는 지식과 기술환경이 너무 빠르게 변화하면서 그 속에서 내 역량점검까지 동시다발적으로 이루어지기 때문이다.

국가는 이처럼 빠르게 변화하는 환경에서도 필수적으로 있어야 할 규범과 제도에 대해 정의해두었다. 법률, 회계, 세무, 노무, 특허 및 평가 업무 등이 이에 해당한다. 아무리 다양한 변화가 휘몰아치더라도 공동체가 바르게 유지될 수 있도록 꼭 있어야 할 기본 사회규칙이다. 즉, 쉽사리 그 형태가 변화하지 않는 영역이다. 이 영역의 전문가가 바로 전문자격증 취득을 통해 탄생하게 된다.

따라서 전문자격증은 경제, 사회, 정치 및 기술변화 속에서도 상대적으로 그 영역의 고유성이 인정된다고 봐야 할 것이며 그에 따라 배타적 업무영역이 생긴다고 봐야 한다. 한 번뿐인 인생, 무언가 영속 가능한 무기를 갖추고 싶다면 도전해볼 만하다.

어떤 일이든 단번에 되는 것은 없다. 1만 시간의 법칙을 생각해보면 비단 전문자격증 준비만 절대적 시간이 필요한 것은 아니다. 어떤 것이든 꽃을 피우기 위해서는 시간이 걸린다.

누가
잘할까?

인터뷰를 통해 연 1억 5,000만 원 이상의 순수입을 올리는 비교적 성공적인 전문직들의 공통점을 발견할 수 있었다.

- 매우 성취 지향적이고 새로운 것에 도전적이다.
- 심리적 성취와 함께 사회적 성취 욕구(돈, 명예 등)가 강하다.
- 불확실에 대한 참을성이 강하다.
- 모르는 것을 학습하는 것을 좋아한다.
- 위기의 순간에도 좌절하지 않고 기회로 전환하고자 노력한다.
- 효과적 커뮤니케이션 능력과 자존감을 지니고 있다.

1:1 커리어 컨설팅을 수행하면서 많은 학생과 직장인을 만난다. 나를 찾아온 클라이언트의 70%는 좋은 기업에 취직하거나 이직에 대한 자문을 구하는 것이고, 30%는 무엇을 하면 좋을지 묻는다. 직업관을

정립하고 앞으로의 커리어 방향을 정해주는 단계에서 위와 같은 성향을 지닌 클라이언트에게는 적극적으로 전문직을 안내했다.

특히 내담자 중 25% 정도는 위와 같이 일반 직장에서는 느낄 수 없는, 무언가를 이루고자 하는 성취욕구와 진취적 성향이 매우 강했고, 동시에 학습 지향적 태도를 지녔다. (이들은 이미 합격한 부류와 현재 수험공부 중인 부류 등으로 나뉜다.)

당신만의 강력한 무기를 장착하고 싶다면, 적당한 자격증 2~3개가 아니라 꼭 필요한 한 방에 도전하라. 위험을 무릅씀에 대한 대가는 충분히 달콤하다.

더 잘하고 싶다면?
(전문직의 고민, 합격한 이후부터 진정한 시작이다.)

그렇다면 전문자격증 합격 이후의 삶은 어떨까? 모든 것이 보장되고 모든 것이 평화로울까?

국세청에 따르면 변호사·회계사·세무사·노무사·관세사·법무사·변리사·건축사·감정평가사 같은 '사자 전문직 개인사업자는 대체로 상당한 고소득을 올리고 있지만, 약 15%는 월평균 수입이 200만 원을 밑돌 만큼 양극화 현상이 심화하고 있다.

인터뷰를 통해 확인된 어려운 점은 아래와 같다.

- 같은 전문직이라 해도 집안의 재산 등 이른바 '배경'에 따라 명암이 엇갈린다. 이제는 직업의 이름만으로 미래가 보장되지 않는다.
- 개인사업은 또 다른 상황의 시작이다. 공부 머리랑 사업 머리는 다르다. 자신이 없는 사람은 전문자격증을 가지고 일반 직장에 인하우스 00사로 취직한다.

- 전문직은 곧 영업직이다. 전문자격증은 그냥 자격증일 뿐이다. 영업을 잘 못해서 임대료도 밀리고 폐업하는 경우도 많다.

한마디로 충분히 고객을 이끌 수 있는 마케팅 능력, 영업력 등이 필요하다. 좋은 배경도 결국 더 좋은 상권, 더 좋은 사무실과 인적 네트워크 등을 의미한다. 즉 같은 전문자격증을 가지고 있어도 출발점이 다른 경우 미래가 달라지는 셈이다.

그렇다면 영업력에 대해서는 어떻게 생각하고 있는지 물어봤다.

"영업력이 무엇일까? 어떻게 해야 영업을 잘하는 것일까?"

- 영업력은 아는 사람의 수, 즉 인맥이다. 영업력이 있는가 없는가는 지금 연락해서 서로 안부 인사를 물을 수 있는 사람의 숫자에 비례한다.
- 영업력은 기회 포착의 능력이다. 상대방이 필요한 것을 포착하고 그에 맞는 서비스를 제안해주면 끝이다. 기회를 포착하지 못하거나 기회를 포착해도 그에 적합한 대안을 전하는 설득력을 갖춘 경우가 별로 없다. 기회를 잘 잡기 위해서는 고객의 상황을 잘 이해해야 한다. 고객이 주로 위치하는 곳이 어디인지, 어떤 고민을 하는지, 어떤 불편함이 있는지 잘 알아야 한다.
- 영업력은 디지털 마케팅 능력이다. 최근 법인 고객은 대부분 온라인 접점을 통해 찾아오기 때문이다. 따라서 다양한 SNS에 친화적이어야 하

고 온라인상에서 다양한 잠재고객들과 소통할 수 있어야 한다. 또한 디지털 마케팅의 주요 요소에 대해서도 잘 알아야 한다. 커뮤니티와의 제휴, 핵심키워드 타기팅은 물론 홈페이지 등 채널 관리도 잘해야 한다.

- 영업력은 고객에게 얼마나 신뢰를 줄 수 있는지 그리고 그 자리에서 계약을 성사시킬 수 있는지에 따라 결정된다. 고객에게 신뢰를 주기 위해서는 적당한 공포와 전문가로서 그 공포를 신뢰로 바꾸어 줄 수 있는 카리스마가 필요하다. 계약 성사를 위해 끝없이 서비스를 해주는 건 한계가 있다. 반면에 너무 수익만 생각해도 고객 유입이 떨어진다. 따라서 그 타협점을 잘 찾아야 한다.

- 영업은 대화 능력이다. 나의 영업력을 판단하기 위해서는 주변 지인들이 내 말을 얼마나 신뢰하고 집중하는지 보면 된다. 지인에게도 충분한 신뢰와 영향력을 발휘하지 못한다면 처음 보는 고객에게는 더욱 신뢰를 얻을 수 없다.

- 영업은 거절당할 용기다. 영업력은 누구도 가르쳐줄 수 없다. 스스로 쌓아나가야 한다. 선천적으로 설득력이나 제안 능력이 높은 사람은 몇 되지 않는다. 많이 거절당하다 보면 포기하고 주눅이 들기 쉽지만, 누군가는 하나라도 더 배워서 다음 번 도전에 반영한다. 그런 사람이야 말로 영업력이 길러진다.

- 영업은 고객과 만나는 모든 순간이 나의 브랜드 이미지를 심어주는 과정이다. 사람은 비합리적이다. 첫 만남에서의 걸음걸이부터 패션, 눈빛 그리고 확신에 찬 목소리까지 신경 쓸 수 있는 사람이 영업도 잘한다.

자격증을 확보했다는 것은 이미 전문성은 충분히 증명한 셈이다. 이제는 그 이외의 눈에 보이는 것들에 대해 신경 쓰고 행동 하나하나도 사려 깊게 해보라.

자격증 취득 이후에도 치열한 노력은 계속된다. 전문가로서 신뢰를 얻기 위해서는 바뀌는 법령의 내용에 대해 계속 공부해야 한다. 이 때문에 전문직들은 대학원 진학률도 상당히 높다. 지식습득 외에도 회사의 대표자로서 사업을 꾸려나가야 하기에 사업력도 있어야 하며 동시에 영업능력도 뒷받침돼야 한다.

자격증은 불안정한 현실 속에서 어느 정도 배타적 영역을 보장해주는 기본 자격 그 이상도 이하도 아니다. 자격증 취득 이후에 성공적으로 커리어를 이어나가기 위해서는 부단한 노력이 있어야 한다.

인터뷰 후 느낀 점

전문자격증이 좋은 것은 누구나 안다. 그러나 좋은 것은 바로 이루어지지 않는다. 위에서 언급한 8대 전문자격증(회계사, 변호사, 세무사, 노무사, 법무사, 감정평가사, 변리사, 관세사)의 평균 수험기간은 3년이다. 경쟁자들이 열심히 앞을 향해 달려가는 시기에 3년을 투자할 수 있는가? 결단을 내려야 한다.

8대 전문직과의 인터뷰를 통해 알게 된 것은 직업 행복도와 직업에 대한 자부심이 매우 높다는 사실이다. 또한 대부분 위험$^{(risk)}$에 대해 비교적 덜 민감했으며, 일반 직장인에게서는 찾아보기 힘들 만큼 직업정신이 투철했다.

지금과 같이 어려운 시기에 누가 3년의 시간을 불확실성에 투자할 수 있을까? 그러나 투자한 사람 중 일부는 그 10배가 넘는 30년의 안정감을 가져갈 수 있다. 당신이라면 어떤 결정을 내리겠는가?

[부록]
전문직 수험 노하우

전문자격증은 당연히 기회가 되면 누구나 갖고 싶어한다. 그러나 How, 즉 '어떻게'가 중요하다. 특히 직장생활과 병행해야 할 경우에는 더욱 섬세한 수험전략이 필요하다. 전문직을 희망한다면 시작점은 먼저 수험 준비(로스쿨, 약학전문대학원 준비 포함)이다. 한정된 시간 내에 엄청난 공부량을 소화해야 하기에 철저한 계획과 실행이 수반되어야 한다.

최근에는 취업난에 따라 대학 재학 중이거나 졸업 이후 전문자격을 준비하는 경우도 있고, 회사를 다니면서 전문자격증 취득을 희망하는 재직자도 많다.

회사를 다니면서 감정평가사를 취득한 사례를 보자.

#재직 중에 준비해서 2년 만에 합격한 감정평가사 B씨 인터뷰

"직장인 수험생은 시간 확보가 제일 중요해요."

"회사가 다행히 야근이 많지 않았어요. 물론 출근하고 퇴근하기까지는 공부에 집중하지 못했죠. 회사 일도 해야 하니까요. 그렇지만 회사 내에서도 짬짬이 시간을 잘 활용하려고 노력했어요. 모니터 옆에 작은 메모장을 띄워놓고 잠깐이라도 법 조항을 외우고, 점심시간 등을 이용해서 한 줄이라도 더 보려고 애썼어요. 퇴근 이후에는 학원 인강을 듣거나 늦게까지 공부하고 잤고요. 회사에 수면실이 있어서 점심시간에는 부족한 잠을 채우기도 했어요.

전문자격증은 대부분 비슷할 텐데… 외울 게 진짜 많아요. 그런데 뭔가를 외우자면 어느 정도 물리적 시간이 필요하잖아요. 아무래도 직장 다니면서 공부하는 분들은 이 물리적 시간이 부족해서 실패하는 경우가 많다고 생각했어요. 그래서 저는 시험공부 시작하기 전에 암기법에 대한 책만 다섯 권 정도 읽었어요. 공부방법론을 포함하면 한 열 권 정도 될 거예요. 두문자 암기법, 형상(이미지) 암기법부터 메모 방법 그리고 객관식, 주관식 시험에 맞는 공부법까지요. 이게 주효했던 것 같아요. 그래서 전업 수험생보다 물리적 투입 시간은 부족했지만 뭐랄까 좀 농도 짙게 공부했다고 할까, 그랬어요."

이번에는 국내의 대표적인 대기업 인사담당자로 근무하다가 퇴사 후 공인노무사에 최종 합격한 C씨의 사례를 보자.

#8년 대기업 퇴사 후 공인노무사가 된 C씨 인터뷰

"연봉 7,000만 원을 버리고 불확실에 뛰어드는 게 제일 힘들었어요."

"연봉과 복지가 괜찮은 회사였어요. 회사 내부적으로 관계도 나쁘지 않았고요. 그런데 뭐랄까. 주어진 일만 하는 삶이 별로 행복하지 않았어요. 성과급이나 승진 이런 거는 좋았는데 계속 쳇바퀴 돌리듯 사는 게 생각만 해도 지겨웠고 노후에 대한 고민도 있었어요. 결혼 후 아기가 생기면 마음이 안정될 거라 생각했는데 더 심해지더라고요. 나중에는 회사생활을 억지로 참고 버티는 단계까지 왔고, 입사 당시 가졌던 일 욕심이나 잘해보고 싶다는 의욕이 하나도 남지 않았어요. 그러면서 내가 뭘 잘할 수 있을까 고민하다가 평소 관심 있었던 공인노무사 시험을 생각하게 됐어요.

일단 회사를 다니면서 1차 시험을 준비했죠. 1차 시험은 비교적 쉬웠어요.

특히 제가 인사 담당을 하면서 다뤘던 부분이 많아서 8개월 동안 주말에 공부해서 합격했어요. 이후에 고민이 많았죠. 2차 시험은 회사 다니면서 하기 힘들 것 같았거든요. 기회를 놓치기 싫어서 아내와 상의 후 퇴사하고 전적으로 공부에 매달렸어요. 회사생활보다 편하면 공부를 잘못하고 있는 거라고 저를 다그치면서 회사 다닐 때보다 더 일찍 집에서 나오고 더 늦게 들어갔어요. 회사는 안 다녔지만 나름 출퇴근을 한 거죠.

보통 아침 8시까지 도서관에 도착했고, 저녁 9시 50분에 책을 덮었어요. 물론 주말에는 쉬었습니다. 쉴 때는 정말 하고 싶은 거 했어요. 아내와 나들이도 가고, 집에 있을 때는 음악을 듣고요. 그러면서 처음의 긴장을 계속 이어나갔던 것 같아요. 그렇게 해서 다음 해에 턱걸이로 최종 합격했어요.

그때까지 저금해둔 것과 퇴직금 그리고 아내가 부업을 한 덕에 버틸 수 있었던 것 같아요. 사실 저하고 같이 공부했던 분들 중에서 저처럼 전업으로 공부만 할 수 있는 여건이 안 되는 분이 많아요. 그런 분들은 아르바이트를 하면서 공부를 하는 거죠. 그런 점에서 저는 운이 좋은 편이었어요."

위 사례와 같이 전문자격증 합격 유무는 올바른 공부법과 시간 계획에 80%가 달려 있다고 생각해야 한다. 빠른 기간 내에 합격했던 전문직 선배들의 노하우를 정리해서 수험과정의 '계획(Plan)–실행(Do)–검토(See)' 단계로 나누어보았다.

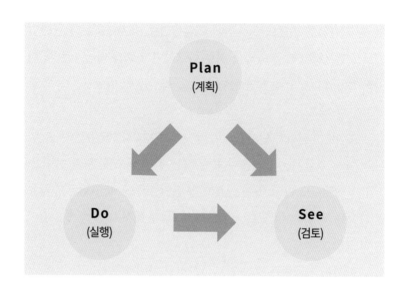

1. 계획(Plan)

- 비전 로드맵을 설정하고 심상화(visualization)를 통해 원하는 목표를 마음에 구체화한다.

- 목표하는 자격증 시험의 필수요건을 분석한다. 예를 들어 공인노무사 시험은 공인 어학점수를 필요 요건으로 두고 있고, 변호사는 LEET 시험을 쳐서 로스쿨에 입학해야 한다.

- 몰입 가능한 수험기간과 목표 기한을 설정한다.

- 분기, 월, 주, 일별 시간/장소/휴식 일정을 점검하고 매일의 일정을 아주 잘게, 구체적으로 설정한다.

- 공부방법을 점검한다(객관식/주관식, 인강/실강, 이해/암기 등)

2. 실행(Do)

- 매일의 공부 계획표와 함께 수험생의 자세로 공부한다.
- 이해/암기를 위한 공부방법론을 적용한다.
- 암기 노트, 정리 노트 등을 활용하여 배운 것을 자신만의 로직으로 구조화, 체계화해 나간다.
- 진도를 나가는 부분과 이미 습득한 내용을 분리하여 저장해 나간다.
- 스트레칭이나 바른 식사습관 및 일상의 산책 등을 통해 지속 가능한 컨디션을 만들어 나간다.

3. 검토(See)

- 계획 시 세웠던 로드맵에 따라 현재 진척도를 점검하고, 객관적이고 상대적인 수준 점검을 위해 그룹 스터디 등을 활용한다.
- 주기적 시험(모의고사) 등을 통해 부족한 부분을 파악한다.
- 최적의 컨디션 관리는 아무리 강조해도 지나치지 않을 정도로 중요하다.
- 공부 상황에 맞는 합격자 후기를 리뷰하고 현직자를 만나 수험기간 내 시행착오를 줄인다.

일은
나중에 더 이상 일을
하지 않기 위해서 하는 것이다.

- 알프레드 폴가(Alfred Polgar, 1873~1955)

제 4 장
제주로 떠나는
2호선

우리의 직업, '일'은 종착역이 아닌 또 다른 시작점이다.
잘 먹고 즐겁게 잘 살기 위해서는 어떻게 일해야 하는가?
이 책을 통해 독자들이 더 행복한 직업인으로 다가가길 바란다.
포기하기엔 아까운 당신이여,
마지막으로 Cheers!

출근하기 싫은 당신의 명함을
과감히 찢어버리자

우리는 하루 중 상당한 시간을 일하는 데 투자한다. 하지만 정작 일의 의미나 목적에 대해서는 깊게 생각하고 판단할 수 있는 교육을 받지 못했다. 그 결과, 우리는 대부분 누군가의 울타리 안에 종속되어 지시와 감독을 받는 평범한 직장인이 되고 만다. 일을 행복하고 즐겁게 여기는 경우보다는 월급과 여름휴가, 주말을 얻기 위해 희생하는 수단으로 여기면서 겨우 버티는 경우가 더 많다. 인터넷을 봐도 일하기 싫다거나 출근하기 싫다는 내용이 대부분이다. 매우 긴 노동시간을 자랑하는 우리나라의 노동문화는 이런 현상을 더욱 부추기는 듯하다.

험난한 취업 준비를 거쳐 그런 경주에 들어가는 것이 진정 맞는가? 이렇게 한 달씩 주어지는 월급과 휴가를 위해 계속 참고 노력하며 달려가야 하는 것인가?

다른 길은 없을까? 이왕 하는 일, 조금 더 즐겁고 내게 잘 맞는 일은 없을까? 지금보다 더욱 경제적이면서 시간적 여유를 창출할 수 있는 일은 없을까?

이 책은 이렇게 일을 둘러싼 환경에 대해 아주 실제적인 목소리를 담은 상담사례를 기반으로 쓰였다.

사실, 일에 대해서는 아직 전 세계적으로 많은 연구가 이루어지지 않았다. 특히 일하는 주체인 직장인에 관한 연구는 매우 부족한 상황이다. 사회학이나 경제학, 경영학 등의 하위 학문에서 노동과 일을 주제로 다루고 있지만, 이 책의 독자가 가질 만한 궁금증을 해소해주기에는 다소 거리가 먼 행동과학적 연구들이다.

이 책은 '일' 때문에 고민하는 나 자신과 가족, 친구, 선후배, 지인 등에게 바른 해결책을 제시하고자 쓰여졌다.

졸업 이후 진로를 고민하는 학생 독자에게는 일이 무엇이며 어떤 기준으로 선택해야 하는지, 그리고 그 선택이 향후 어떠한 길로 이어지는지를 알려주고 싶었다. 또 가보지 않은 길을 미리 헤아려보고 지혜롭게 선택할 수 있도록 안내하고 싶었다.

이미 일을 하고 있는 성인 독지에게는 우리가 처한 일의 환경을 조금 더 다채롭게 보여주고, 지금의 일 외에 다양한 일의 형태를 안내해주고 싶었다. 이와 같은 간접 경험을 통해 더 나은 선택을 할 수 있도록 해주는 안내자의 역할을 해주고 싶었다.

우리는 경제적 자유를 찾을 때까지 계속 일한다. 나중에 일하지 않기 위해서라도 오늘을 일을 꿋꿋이 해나가야 하는 것이다.

이왕 해야 할 일이라면, 나에게 잘 맞고 발전이 가능한 일을 해야 효율성도 좋지 않을까?

제대로 된 열 명의 롤모델은
곧 나의 미래

　나는 '행복'하기 위해, '성공'하기 위해 관련 책들을 100권 넘게 읽었다. 내가 원하는 것을 나의 것으로 소화시키는 데 가장 탁월한 방법이라 생각한다. 자수성가한 국내외의 수많은 기업인, 부자, 우리들의 멘토는 입을 모아 공통적으로 이야기한다.

　"원하는 모습의 멘토를 찾아가 배우라. 그 사람처럼 따라서 행동하며 나의 것으로 만들어라."

　자기계발서는 특유의 뉘앙스 때문에 별로 선호하지 않는 독자가 꽤 있다. 여기서 특정한 카테고리를 이야기하려는 것이 아니다. 자신이 원하는 그 '무엇'을 아는 것이 중요하다는 것과 동시에, 이를 최단 시간에 기회비용을 줄여서 효과적으로 습득할 수 있는 '방법'을 이야기하는 것이다. 그것이 책이건, 기사건, 오디오북이건, 유튜브건 대면 강의

건 무엇이건 간에 삶을 살아가는 과정에 필요한 멘토, 조직생활에 필요한 멘토, 사회생활에 필요한 멘토 등을 구체적으로 쪼개어 찾아보자. 그리고 그들이 그 분야에서 성공한 방법을 찾아내고 하나씩 나의 것으로 만들어가자.

'당신이 최근 만난 다섯 명이 바로 당신의 현 단계를 가장 잘 보여주는 거울과 같다'라는 말이 있다. 오늘 낮에 만난 사람은 누구인가? 퇴근 후 당신은 가족 외의 누구와 교류하는가? 당신이 최근 1주일 동안 만난 사람의 지적 수준, 자산 수준은 어떠한가? 그들의 모습은 당신이 목표로 하는 모습과 유사한가?

현재 당신의 멘토가 누구인지 정확히 말할 수 있어야 한다. 각 분야의 최고는 이미 존재한다. 때문에 가장 쉽게 성공할 수 있는 방법은 그들을 깊이 있게 관찰하고 따라하며 나만의 것으로 소화하여 실행하는 것이다.

- **직장인**: 회사 내 롤모델은 누구인가? 한 명을 정해보자. 같은 회사가 아니어도 좋다. 동종 산업 내 멘토는 있는가? 당신과 유사한 직무에서 최고라 칭할 수 있는 사람은? 가상의 인물이라도 좋다. 멘토를 찾는 과정 그 자체가 도움이 된다. 그리고 그렇게 찾은 멘토들의 말투나 행동, 생각의 알고리즘을 자세히 파악해보자. 그들은 어떻게 하루를 시작하고 일을 하는지, 상사에게 보고는 언제 어떻게 하는지, 기획안은 어떻게 작성하는지, 유관부서 구성원들과는 어떻게 소통하는지 등등

을 말이다.

- **프리랜서**: 프리랜서로 뛰어들기 전에 적어도 주변에 열 명의 프리랜서 멘토가 있어야 한다. 그래서 내가 갖고 있는 고민들을 깊이 있게 털어놓고, 잘못된 방향으로 갈 경우에는 다시 잡을 수 있어야 한다. 조직에 속해 있는 근로 형태가 아니기 때문에 파트너십과 협업이 더욱 중요하고, 오히려 단독적으로 살아가기가 더 어렵다. 각 분야별 전문 프리랜서 멘토들을 벤치마킹하면서 어떻게 나를 브랜딩하고 어느 기한 내에 어떠한 목표치만큼 펼쳐갈 것인지 구체적인 생존전략을 세워 실행해야 한다. 예를 들어, 교육업계 1인기업 프리랜서라면 유사 업종의 강사 중에 최고를 꼭 알아두고, 다른 업종의 강사들과도 친목을 다지면 좋다. 영업만 전문으로 하는 멘토, 마케팅만 전문으로 하는 멘토, 세무 이슈 등에 능숙한 멘토 등 각 분야별로 멘토가 꼭 필요하다.

- **사업가**: 유명한 기업인들도 좋지만 언론에는 잘 알려지지 않아도 훌륭한 자산가들이 국내외에 많다. 그들은 평상시 어떠한 생각을 하면서 하루 24시간을 보내는지, 실패했을 때는 어떻게 다시 일어났는지, 사업 아이템은 어떻게 정했는지, 판매 확장은 어떻게 했는지, 직원과 회사 관리는 어떻게 했는지 등등 모든 노하우를 샅샅이 검색하고 알아내서 학습하자. 나의 경우, '한국사장학교', '헤이조이스'라는 커뮤니티에서 각종 네트워킹을 만나기도 하고, 아직 직접 뵙지는 못했지만 수천억~조 단위 기업 멘토들의 책과 강연을 통해 간접적으로 가르침을 받기도 한다.

- **유튜버**: 유튜브는 최근 가장 검색하기 쉬운 분야다. 누구에게나 공평하게 노출되어 있는 채널이란 생각까지 든다. 마음만 먹으면 내가 궁금해하는 각 산업별 전문 유튜버의 채널을 모두 검색할 수 있다. 속도와 효율성의 차이일 뿐, 이제는 누구나 유튜브를 촬영하고 편집해서 업로드할 수 있는 시대가 되었다. 장차 유튜버를 업으로 삼을 생각을 하고 있는데 관련 멘토를 설정하기 어렵다면 말이 안 된다.
- **전문직**: 변호사가 되고 싶다면 변호사 선배 열 명, 노무사가 되고 싶다면 노무사 선배 열 명을 각각 만나보고 그들의 강점만 추려보자. 이 분은 수험 공부를 어떻게 하였는지, 이 분은 합격 후 어떻게 하였는지, 실무에서는 어떻게 시작하였는지, 가장 힘들었을 때는 어떻게 해결해 나갔는지, 시간관리는 어떻게 하였는지, 경제 관리는 어떻게 하는지 등등.

이 책에서는 인생직업의 세계를 넓게 펼쳐보았다. 간접적으로 경험을 하는 데 객관적인 도움이 되었길 바란다. 이제는 자신의 멘토를 찾아가 더 깊이 있는 가이드를 전수받아 보자. 여기까지 실행한 당신은 이미 절반 이상은 목표를 달성한 것과 같다.

5년 뒤 나의 몸값을
10배 올리는 방법

　'일'을 좋아하고 사랑하라는 말은 사실 크게 와 닿지 않을 수 있다. 직장인이든 프리랜서든 사업가든 우리는 모두 달콤한 주말 뒤 월요일이 늦게 왔으면 좋겠다고 느끼기 때문이다. 누구나 놀고 싶고, 편하게 있고 싶고, 하고 싶은 것만 하고 싶어 한다. 즉, 누구나 정도의 차이가 있을 뿐 '일'이 나의 삶 100%는 아니기에 우리는 모두 동일한 출발선에 서 있다. 그렇다면 어떠한 직업을 가지고 있든 이걸 좋아할지 싫어할지 혹은 성공할지 실패할지는 결국 '나'에게 달려있다는 진리로 연결이 된다.

　온/오프라인 근무의 경계가 허물어지고 직업의 의미마저 점점 희미해지고 있는 현 시대에는 특히 더 그렇다. 결국 내가 '무슨'(what) 일을 하는지도 중요하지만, '어떻게'(how) 일하고 앞으로도 지속할 수 있을 것인지에 대한 고민이 더 중요하다. 그런 의미에서 이 책이 모든 직업인들에게 스스로를 돌아볼 수 있는 기회를 마련해주고, 이 책을 읽은 5년 뒤에는 적어도 각자의 몸값을 10배 이상 올릴 수 있기를 기원한다.

포기하기엔 아까운
당신이여!

제주로 떠나는 2호선

축하한다. 당신은 이제 제주(내일의 경제적 자유)로 떠나는 2호선(오늘의 노동)에 탑승했다.

어제는 백수였던 당신도, 내일은 직장인이 될 수 있다.

어제는 회사원으로 일하던 당신도, 내일은 대표님이 될 수 있다.

어제는 프리랜서 강사로 일하던 당신도, 내일은 유튜버가 될 수 있다.

어제는 교수였던 당신도, 내일은 한적한 지역의 민박집 사장님이 될 수 있다.

어제는 정규직으로 월 300만 원을 벌던 당신도, 내일은 슈퍼 비정 규직으로 월 3,000만 원을 벌 수 있다.

당신의 어제는 어떠했는가.

내일은 무엇이 되고 싶은가.

당신의 오늘을 어떻게 살아야 하는지 현명한 커리어 내비게이터 (career navigator)를 찾길 바란다.

잘 먹고 즐겁게 잘 살기 위해서는 어떻게 일해야 하는가?

우리의 직업, '일'은 종착역이 아닌 또 다른 시작점이다.

이 책을 통해 독자들이 더 행복한 직업인으로 다가가길 바란다.
포기하기엔 아까운 당신이여, 마지막으로 Cheers!